新世纪学术新视野大系

厦门大学海洋政策与法律研究丛书

傅崐成 主编

中韩船舶油污损害赔偿法律制度比较研究

A Comparative Study
on the Chinese and Korean Legal Systems for Vessel Oil Pollution Damage Compensation

郝会娟 著

厦门大学出版社 国家一级出版社
XIAMEN UNIVERSITY PRESS 全国百佳图书出版单位

目　录

引　言

石油作为重要的能源之一,占全球能源消耗的 32.9%,由于石油资源分布的不均衡,大约 63%的石油资源需要依赖海上运输。[①] 海上运输如此大量的石油,很容易发生石油泄漏进而导致海洋环境污染的风险。根据韩国环境法研究所发布的数据,每天可能有 3000 多艘油轮在世界各地运行,实际交通量可达数千万美元。[②] 从石油运输发展以来,世界上已经发生数十起大型油污损害事故,自 1967 年"托利卡尼翁号"(Torrey Canyon)漏油事故后,国际开始关注油污损害赔偿问题。

1960 年的海洋油轮载重量不过 6400 万 DWT[③],但截至 2016 年年底,它已达到 5.5 亿 DWT。[④] 20 世纪 50 年代的大型油轮为 30000 DWT,大部分航行都在 250000 DWT～500000 DWT 之间,成本与高速公路上的汽车社会成本相同。1970 年至 2016 年期间,当船只在开阔水域中航行时,有近 50%的大量泄漏事件发生。这些泄漏的原因中有 59%是由碰撞、搁浅和结构故障造成的。[⑤] 当船舶在内陆或受限制水域航行时,这些原因造成的溢油事故的百分

[①]　See World Energy Council Resources 2016 Summary, https://www.worldenergy.org/wp-content/uploads/2016/10/World-Energy-Resources_FullReport_2016.pdf. 下载日期:2017 年 3 月 5 日。

[②]　[韩]宋英灿:《关于河北号油污事件与环境法有关的研究——以美国环境污染法对比为中心》,载韩国环境法协会:《环境法研究》2008 年第 5 期。

[③]　DWT 是 Dead Weight Tonnage 的缩写,表示"载重吨"。计算方式为:该船舶的"最大排水量"(MDT)减去"船舶自重"(LDT);DWT 与该船舶的实际载货量有很大的区别,因为 DWT 还包括该船舶所载油(燃油、润滑油)和水(饮用水和生活用水)、船员及物品等的重量。

[④]　See Petroleum & Other Liquids, http://www.eia.gov/petroleum/,下载日期:2016 年 5 月 14 日。

[⑤]　See Petroleum & Other Liquids, http://www.eia.gov/petroleum/,下载日期:2016 年 5 月 14。

比甚至更高,高达 99%。① 全世界每年涌入海洋的石油总量达 200 万吨至 1000 万吨,进入海洋的石油污染物达 160 万吨至 200 万吨,其中约 1/3 是由于油轮在海上发生事故引发石油泄漏造成的。根据交通运输部的统计,中国每年发生的各种溢油事故约 500 起。一些沿海地区的海水含油量是国家海水水质标准的 2 倍至 8 倍。② 同样,作为中国邻国的韩国,石油资源几乎全部依赖进口,而且几乎全部通过海洋船舶运输,因此同样面临很高的油类污染风险。韩国已加入几乎所有的国际油污损害赔偿制度的公约,而对油污损害赔偿最重要的第二层次基金补偿和第三层次补充基金的补偿公约,中国都未加入。从国内法方面来讲,韩国制定了本国的《油类污染损害赔偿保障法》(以下简称《油赔法》),而中国并没有专门的油污损害赔偿法律,甚至在《海商法》中也没有具体将船舶油污损害单独列出来规定,相关法律规定也存在很多规定不明确、不完善的地方。

虽然随着国际油污损害赔偿制度的完善和油轮设备的进步,近年来大规模石油污染事件的数量和规模都有所减少,但是因油污导致的环境损害和经济损失的潜在威胁仍然令人不安。特别是对于经济严重依赖渔业和旅游业收入的沿海发展中国家和小岛屿发展中国家,一旦遭受油污损害事件,而该国家未加入国际油污损害赔偿法律制度,得不到充足的赔偿和补偿的话,其国家的经济可能面临重大威胁。

针对船舶油污损害,相关的国际责任和赔偿法律框架非常稳健,发展良好,为石油污染事件造成的损失或损害提供了重大补偿。所有相关制度被称为国际油污赔偿制度(即 CLC-IOPC 制度)。CLC 指的是 The Civil Liability Convention(以下简称《民事责任公约》);The IOPC Funds 指的是两个政府间的组织即《1971 年设立国际油污损害赔偿基金国际公约的 1992 年议定书》(以下简称 1992 年《基金公约》)以及《1992 年设立国际油污损害赔偿基金国际公约的 2003 年议定书》(以下简称 2003 年《补充基金公约》),是为在其成员国发生的由于油轮泄漏造成的持续性石油污染损害提供经济赔偿和补偿而建立的。

---

① See ITOPF Oil Tanker Spill Statistics 2016,http://www.itopf.com/knowledge-resources/data-statistics/statistics/,下载日期:2017 年 6 月 13 日。

② See People's network, Oil tanker leakage and marine biological disaster, "new security", http://www.people.com.cn/GB/paper2515/12239/1101549.html,下载日期:2017 年 6 月 11 日。

　　该制度框架最初是由 1969 年《国际油污损害民事责任公约》（以下简称
1969 年《民事责任公约》）和 1971 年《关于设立国际油污损害赔偿基金的国际
公约》（以下简称 1971 年《基金公约》）组成的。但是，随着实际情况的变化，这
两个旧制度在很多方面已经无法适应现在的发展，所以这两个“旧”制度于
1992 年通过两项议定书进行修正，修正后的公约被称为 1992 年《国际油污损
害民事责任公约》（以下简称 1992 年《民事责任公约》）和 1992 年《基金公
约》。① 1992 年《民事责任公约》规定了船东对油污损害的赔偿责任，以及船东
严格责任原则，建立了强制责任保险制度。船东有权将其责任限制在与其船
舶吨位有关的数额上。作为 1992 年《民事责任公约》补充的 1992 年《基金公
约》，规定了在适用的民事责任公约规定的赔偿不足时，给予受害者赔偿的制
度。IOPC 基金公约是为管理 1992 年《基金公约》所建立的赔偿制度而设立
的世界性政府间组织。一个国家或地区通过成为 1992 年《基金公约》的缔约
方，从而成为其成员。截至 2018 年 10 月 3 日，有 137 个国家批准或加入了
1992 年《民事责任公约》，有 115 个国家批准或加入了 1992 年《基金公约》。
这些构成了比较完善的国际油污损害赔偿体制，成为该领域比较先进和现代
的法律文书，并在国际上得到了广泛的采用。

　　但是，仍然有相当多的沿海国家，特别是遭受船舶油污损害事故较多的发
展中国家，尚不是国际油污损害赔偿制度公约的缔约国。因此发生重大溢油
事故后，得不到充分的赔偿，对于海洋环境的恢复和海洋生态资源的保护也不
利。目前世界上航运比较发达的国家，如英国、美国、加拿大等都在国内法中
确定并逐渐完善船舶油污损害赔偿制度。中国虽然已经成为石油进口大国，
发生的油污损害事故也日渐增多，但是至今没有成熟的油污损害赔偿法律。

　　虽然为了防治船舶造成的石油污染，中国加入了一些国际公约，并制定了
一系列国内法规，对船舶造成的石油污染损害进行了预防和赔偿，如在赔偿方
面，中国已经加入 1992 年《民事责任公约》和《2001 年燃油污染损害民事责任
国际公约》（以下简称《燃油公约》），但是没有通过 1992 年《基金公约》和 2003
年《补充基金公约》，而 1992 年《基金公约》仅适用于中国香港特区。

---

　　①　1992 年《基金公约》于 1996 年 5 月 30 日生效，由于许多国家已经退出 1971 年《基
金公约》而参加 1992 年《基金公约》，因此 2000 年 9 月 27 日通过了旨在提前废止 1971 年
《基金公约》的《1971 年基金公约 2000 年议定书》。根据该议定书，1971 年《基金公约》于
2002 年 5 月 24 日失效。所以本书中，除说明需要强调 1971 年《基金公约》外，《基金公约》
均指 1992 年《基金公约》。

此外,自 2010 年以来,中国已通过了多项国内法律法规。这些新的法律法规已经启动,促进了中国船舶石油污染损害赔偿制度的重大发展。2010 年 3 月 1 日,《中华人民共和国船舶海洋污染防治条例》(以下简称《修订条例》)生效。不久之后,《中华人民共和国船舶油污损害民事责任保险实施办法》自 2010 年 10 月 1 日起施行。另外,《最高人民法院关于审理船舶油污染赔偿争议案件若干问题的规定》(以下简称《船舶油污损害赔偿司法解释》),自 2011 年 7 月 1 日起施行。此外,《船舶油污损害赔偿基金征收使用管理办法》的最终草案自 2012 年 7 月 1 日起施行。2015 年 6 月 18 日中国海油油污损害赔偿基金管理委员会在北京正式成立。2016 年 6 月 16 日,基金管理委员会通过《船舶油污损害赔偿指引》和《船舶油污损害赔偿基金索赔准则》,将有助于油类受害者明确提出合理的要求。2018 年 7 月 31 日,交通运输部海事局公布了《船舶油污损害赔偿基金理赔导则》(2018 年修订版)和《船舶油污损害赔偿基金索赔指南》(2018 年修订版)并从发布之日起施行。基金作为第二层次的赔偿主体,在这项指引下,将更有效地实现赔偿。

中国船舶油污损害赔偿基金(Chines ship-source oil pollution compensation fund,以下简称 COPC-FUND),为石油污染受害者提供额外的 3000 万元补偿。COPC-FUND 的运作不但启动了船东与石油进口者之间财务负担分担机制,而且意味着在中国建立了来源石油污染的船舶损害的两级补偿制度。诚然,这表明中国迄今为止为保护污染者的利益以及保护海洋环境所取得的重大进展。但是,应该指出的是,这种两级赔偿制度所提供的最大赔偿金额,特别是在油轮油污染方面,仍然远远低于上述国际公约制定的国际标准。

在研究了国际油污损害赔偿制度和其他国家油污损害赔偿制度后,笔者发现,如今,大多数沿海国家针对油污损害有以下三种不同的方式。

(1)成为《民事责任公约》和《基金公约》的成员国之一,并完全遵守规定,如英国和大多数欧洲国家。

(2)不仅成为《民事责任公约》和《基金公约》的成员国,并为所有其他类型的油污事故制定自己的国内法,如加拿大、韩国等。

(3)不加入国际公约,而是直接制定自己的综合性国内法来管理其水域内的各种油污事故,如美国。

本书比较全面地研究中国和韩国船舶油污损害赔偿制度,主要研究问题如下:

(1)国际油污损害赔偿法律制度及其影响国家接受程度的因素。

(2)目前中国船舶油污损害赔偿制度存在的问题。

（3）韩国船舶油污损害赔偿法律制度。

（4）中韩船舶油污损害赔偿制度的比较及给中国的启示。

（5）中国应该如何完善自己的法律制度，使其更加接近国际标准——其中包括一个重点问题，即中国是否有必要接受 1992 年《基金公约》，为受害者提供更高水平的赔偿。

为了回答上述问题，本书尽可能对现有文献进行梳理总结，不但回顾了国际油污补偿制度的法律框架，而且明确解释了世界上主要沿海国家对于国际油轮油污损害赔偿制度的各种态度。在这方面，这项研究也将社会科学方法应用于法律研究，以找出和解释具有高度接受程度的国际制度的相关国家的模式。

在研究中国油污损害赔偿制度的同时，需要先梳理一下国际油污损害赔偿制度的法律框架，并将影响国家不同程度的接受因素或者因素组合进行梳理，将其中高接受程度模式中的中国邻国——韩国，与中国的油污损害赔偿法律制度进行比较分析。目的是揭露已经加入 1992 年《基金公约》的国家对国际油污损害赔偿制度高接受程度的韩国的情况，并进一步解释其背后的原因。同时分析中国的油污损害赔偿法律制度的不足之处，并提出三种解决方案，也为决策者在考虑现在接受 1992 年《基金公约》的必要性提供启示。

本书的研究意义在于：

（1）将社会科学的方法引入法律中来，通过影响因素，建立三种接受国际油污损害赔偿制度的模式，并分析这三种模式的合理性和重要性。不但分析理论，而且将中国和韩国两个接受程度不同的国家分别拿出来分析，将理论应用到实践中。

（2）对韩国船舶油污损害赔偿制度进行具体的分析，找出其与国际公约的不同之处以及其高度接受国际油污损害赔偿制度的原因。

（3）比较中国和韩国的船舶油污损害赔偿制度，指出中国法律存在的问题及韩国船舶油污损害赔偿制度给中国的启示。

（4）通过分析国际以及韩国、中国的船舶油污损害赔偿制度，对国家接受程度影响的三种因素分别植入中国和韩国，为中国完善国内船舶油污损害赔偿制度提供三种路径，并分析这三种路径的可行性和具体方案。

多年来，国际船舶油污损害赔偿制度已被证明是最成功和可接受的补偿计划之一。就油轮油污染赔偿而言，各国在接受国际油污损害赔偿制度的程度上有差异。根据 1969 年《民事责任公约》、1992 年《民事责任公约》、1992 年《基金公约》和 2003 年《补充基金公约》的批准情况，世界上遭受油污染的国家

大体可分为五个类别,在一定程度上反映了油轮油污染事件受害者的保护水平:

(1)尚未批准或加入任何有关国际公约的国家;

(2)仅加入 1969 年《民事责任公约》的国家;

(3)已经加入 1992 年《民事责任公约》,但未加入 1992 年《基金公约》的国家;

(4)已经加入 1992 年《民事责任公约》和 1992 年《基金公约》的国家;和

(5)已经加入 1992 年《民事责任公约》和 1992 年《基金公约》以及 2003 年《补充基金公约》的国家。

本书表明,建立船舶油污损害双层补偿制度对提高补偿能力具有显著的积极作用,并在以下六个方面更接近国际标准:

(1)赔偿责任主体。

(2)赔偿范围。

(3)责任限制规定和程序。

(4)强制责任保险和直接诉讼。

(5)油污损害赔偿基金。

(6)法律适用。

在研究方法上,本书旨在分析当前 CLC-IOPC 基金公约制度中的油污责任和赔偿问题,还分析了韩国和中国的油污损害赔偿制度。本书采用比较研究的方法,旨在找到一个合适的国家模型来完善中国国家油污损害赔偿制度。

首先,法律文献分析。通过对目前油污损害赔偿相关法律的研究分析,介绍我国油污损害赔偿现状,指出中国船舶油污损害赔偿制度下的法律问题。并调查其他相关法律,包括海事法、环境法、侵权法和保险法。管理海上运输和船舶相关的海事法是基础研究学科,因为海上船舶造成的油污损害是本书的唯一研究对象。除此之外,分析民法中的某些具体问题,例如国际公约的适用问题,因为民法提供了处理财产关系的一般规则,以及具有同等地位的民事主体之间的个人关系。船舶油污染本质上是一种环境侵权行为。因此,需要审查环境法和侵权法的基本原则和功能。作为船舶油污损害赔偿责任和赔偿制度的一个特点,需要研究保险法,以获得对强制责任保险的一般理解。

其次,历史研究。本书系统地梳理了国际船舶油污损害赔偿制度的历史和发展,以及中国和韩国相关的国内油污损害赔偿法律制度。关于船舶油污损害赔偿的国际公约的分析不仅限于公约的文本,还阐明了立法者关于一些重要问题的意图,例如赔偿范围、责任限制和强制保险。

　　再次,法律比较法。采用法律比较法分析了我国船舶油污补偿制度。完善的韩国与中国之间所涉及的几乎所有的主要法律问题,如责任主体、赔偿范围、责任限制、强制保险和赔偿基金进行分析比较。法律比较法有助于深入了解这两种制度,并找出其中的差距。

　　复次,价值分析。社会科学方法分析将用于实证解释某些因素如何影响国际船舶油污损害制度的接受程度,将方法与实证结合在一起,分析国际体制的高度接受程度。它侧重于产生特定结果的不同因素的多种组合,而不是每种因素对该结果的"净效应"。本书旨在将该方法应用于油污补偿领域,并尝试将法律多学科方法与社会科学方法相结合,创新该领域的研究。

　　最后,案例研究。通过案例分析,研究我国现行油污损害制度的现状和法律问题。

第一章　国际船舶油污损害
赔偿法律制度框架

第一节　海上石油贸易和油污损害发生情况

　　超过 80％的全球贸易,以及贸易价值的 70％以上是通过船舶的海上运输输送到世界各地的。石油作为具有重要战略意义的商品,仍然是全球最重要的一次性能源之一。2017 年,一次性能源消费增长 2.2％,增速高于 2016 年的1.2％,是 2013 年以来增长最快的一年,甚至高于 10 年平均增速(1.7％)。其中,中国能源消费增长 3.1％,连续 17 年成为全球能源消费增量最大的国家。其中,全球石油消费增长 1.8％,即 170 万桶/日,连续三年超过 10 年平均增速(1.2％)。[①] 合成石油产品和天然气的贸易量占总出货量的 4％,2016 年达到 12 亿吨,占全球海运贸易量很重要的一部分。[②] 全球能源供需决定了原油贸易的流动。生产和储备主要集中在少数几个主要生产国和地区。大部分全球原油在大型船舶中运输,包括载重量高达 320000 DWT 的超大型原油载体(VLCC)和载重量为 320000 DWT 的超大型载重量船(ULCC)。2017 年,大约18 亿吨原油(相当于世界原油产量的 45％)装载在油轮上并通过固定的海上航线,例如从波斯湾运到世界各地。[③] 这种大型运输的大部分停靠或者通过的地点都发生在相对靠近国家海岸的地方,还有一些情况是通过受限区域或阻塞点过境,例如通过狭窄的海峡或海岸线。由于全球大宗商品贸易,包

---

　　① 参见 BP 世界能源统计年鉴 2018 年 6 月第 67 版,《中国(50 万桶/日)和美国(19万桶/日)贡献了最多的增量》,https://www.bp.com/content/dam/bp-country/zh_cn/Publications/2018SRbook.pdf,下载日期:2018 年 9 月 23 日。

　　② See UNCTAD Review of Maritime Transport 2017. Chapter 1. pp.7-10.

　　③ See in particular Section B.2, table 1.4 and figure 1.2. For graphic representation of the major oil trading lanes, see http://www.tankersinternational.com/EducationTrading.php＃how_does_the_oil_get_to_the_refinery.

括全球石油需求的很大一部分由海运运输,因此有可能增加海洋和沿海地区以及沿海经济地带石油泄漏的风险性,并造成严重的海洋环境污染,特别是那些依赖于旅游业或渔业的国家和地区。主要石油进口地区和国家以及拥有主要海上航线的沿海国都属于最容易受到油轮油污染影响的潜在地区。然而,来自油轮以外的船舶油污染,例如,集装箱船、化学品运输船、普通货船和客船也对沿海国家构成了越来越大的潜在威胁;特别是考虑到船舶尺寸的稳定增长以及各种船舶所携带的相应数量的燃料油(燃料舱),更容易造成重大事故。虽然海上运输,特别是海运石油贸易多年来稳步增长,但是油轮的石油泄漏数量在过去的 40 年中显著下降。大量石油泄漏事件的大幅度减少可能在很大程度上归因于发展强大的国际船舶油污损害制度监管框架,以应对来自船舶的石油污染,这反过来又是对一些重大石油污染事件的回应。

一些特别大的石油泄漏事件总是能够敦促各国制定并改进相关的国际公约,确保石油污染事故地区的受害者的损失得到有效补偿。1969 年《民事责任公约》和 1971 年《基金公约》,特别是 1969 年《民事责任公约》是第一个专门针对船舶油污问题的国际公约,是在 1967 年"托利卡尼翁号"①油污事件之后的谈判,代表了国际上对油污损害事故的明确的立法反映。在过去的 40 年中,相关的责任和赔偿监管框架得到了进一步的发展和完善。这也是为了应对大量的石油泄漏与污染预防、准备和控制的相关监管措施以及船舶设计和安全标准的改进,它显著促进了主要石油污染事件的规模和数量的稳定减少。监管作为实施公共政策目标的工具,减少了重大的污染事件。虽然多年来大型油轮溢油事故的数量大幅减少,但是一旦发生石油泄漏,其影响对任何受到污染的国家或地区的当地经济都可能是毁灭性的。随着全球石油贸易需求的增加以及随着世界石油贸易的增长和对长途运输的依赖,预计石油运输(例如从巴西和非洲到中国、印度、韩国和日本的油轮)将继续增加。船舶油污损害问题仍然是一个潜在的重要风险。②

---

① See UNCTAD Review of Maritime Transport 2011. Chapter 1. See also Cahn C (2011)，"VLCC crude shipments face changes". Fairplay, 1 December; and "The new world oil map". Fairplay, 1 December.

② See UNCTAD Review of Maritime Transport 2011. Chapter 1. See also Cahn C (2011)，"VLCC crude shipments face changes". Fairplay, 1 December; and "The new world oil map". Fairplay, 1 December.

第二节　国际油污损害赔偿法律框架

一些主要的油轮溢油对海洋环境和沿海地区环境的破坏性影响,以及由此造成的经济损失和大量的清理费用引起了公众对船舶油污问题的关注,已经成为制定大量国际法律文书的催化剂。事实上,为防止和应对此类事件,并就涉及油轮的油污事件造成的损失提供经济补偿船舶的石油污染受到特别严格的管制,具有高度发达和强大的国际监管框架。国际上用以处理来自运输石油作为货物的船舶(主要指油轮)的船舶油污染的责任和赔偿的国际法律框架由两套公约组成,这些公约在国际上并存,目标是通过分层或分层系统向各缔约国的油轮补偿油污染损害的受害者,从而通过基金提供的额外补偿来更好地保证向油污损害受害人提供对其全部损失的赔偿,同时又解除船舶所有人的额外经济负担,油污赔偿基金的款项由缔约国在其领土内港口每年接受海边石油 15 万吨以上的任何人(任何机构和实体)摊款组成。无论油轮的旗帜、石油的所有权或事故发生的地点,都可以对在缔约国遭受的持久性石油造成的污染损害进行赔偿。

在 1967 年 3 月"托利卡尼翁号"触礁失事原油泄漏导致发生历史性灾难之后,在政府间海事协商组织(Intergovernmental Maritime Consultative Organization,以下简称 IMCO)主持下通过的两项国际公约制定了一项国际船舶污染损害赔偿责任制度。该制度框架最初是由 1969 年《民事责任公约》和 1971 年《基金公约》组成的。但是,随着实际情况的变化,这两个旧制度在很多方面已经无法适应现在的发展,所以这两个"旧"制度于 1992 年通过两项议定书进行修正,修正后的公约被称为 1992 年《民事责任公约》和 1992 年《基金公约》。1992 年《民事责任公约》规定了船东对油污损害的赔偿责任,以及船东严格责任原则,并建立了强制责任保险制度,作为补偿制度的第一层,船东有权将其责任限制在与其船舶吨位有关的数额上。作为 1992 年《民事责任公约》补充的 1992 年《基金公约》,规定了在适用的民事责任公约规定的赔偿不足时,给予受害者赔偿的制度。这构成了补偿制度的第二层。2003 年设立的《补充基金公约》,旨在提供更高水平的赔偿。这构成了补偿制度的第三层。此外,还有两项自愿协议,包括(1)《2006 年小型油船油污赔偿协议》(*The Small Tanker Oil Pollution Indemnification Agreement*,以下简称 STOPIA 2006)和(2)《2006 年油船油污赔偿协议》(*The Tanker Oil Pollution Indemnification Agreement*,以下简称 TOPIA2006)用于补偿高于 1992 年《民事责任公约》中的责任限额部分。经批准,以确保 1992 年《民事责任公约》、1992 年《基金公约》和 2003 年《补充基金公约》下的石油污染索赔费用得到合理的分配。[①] 国际油轮油污损害赔偿制度的历史也是实现各方利益冲突之间平衡的历史。这种制度不仅提供充分和及时赔偿石油污染受害者,也是平衡航运业和石油业之间的财政负担。

另外,《国际燃油污染损害民事责任公约》(*International Convention on Civil Liability for Bunker Oil Pollution Damage*, 2001)(以下简称《燃油公约》)也制定了对非油轮船舶燃油污染损害的单层补偿制度。

表 1-1　国际油污损害赔偿制度的法律框架

法律框架	通过日期	生效日期	签约国数
1969 年《民事责任公约》	1969.11.29	1975.06.19	34
1971 年《基金公约》	1971.12.18	1978.10.16	14
《民事责任公约》1976 年协定	1976.11.19	1981.04.08	53
《基金公约》1976 年协定	1976.11.19	1994.11.22	31
1992 年《民事责任公约》	1992.11.27	1996.05.30	138
1992 年《基金公约》	1992.11.27	1996.05.30	116[②]
2003 年《补充基金公约》	2003.05.16	2005.03.03	31
《燃油公约》	2001.03.23	2008.11.21	84

一、1969 年《民事责任公约》和 1992 年《民事责任公约》

尽管 1992 年《民事责任公约》有了一些改进,但 1969 年《民事责任公约》和 1992 年《民事责任公约》的总体框架和基本特征是相同的,有些规定也是相同的。它们都对船东规定了严格的责任,但有限的例外情况是它们有权限制其责任。除此之外,强制保险和直接诉讼也是这两项公约的重要特征。1969 年《民事责任公约》和 1992 年《民事责任公约》之间的主要区别在于补偿的责任限制金额不同。1992 年《民事责任公约》的责任限制明显高于 1969 年《民

---

①　See Chao Wu, Pollution from the Carriage of Oil by Sea, *Liability and Compensation*, London: Kluwer Law International, 1996, p.3.

②　圭亚那合作共和国于 2019 年 2 月 20 日交存了 1992 年《民事责任公约》和 1992 年《基金公约》加入书,这两项公约将于 2020 年 2 月 20 日对圭亚那生效。

事责任公约》的限制。虽然 1992 年的《民事责任公约》被广泛接受,但是仍有一些国家仅批准了 1969 年《民事责任公约》,例如巴西和哥斯达黎加。

《民事责任公约》的具体内容如下:

1. 责任主体

油污损害发生后,确定油污损害的责任主体是解决油污损害赔偿的第一步。船舶来源的油污损害赔偿责任主体比一般民事责任更为复杂。特别是在船舶碰撞的情况下。自 1969 年《民事责任公约》确定"严格责任"为调整船舶油污损害赔偿的核心原则,在 1992 年《民事责任公约》中,船舶所有人又一次被看作是唯一承担赔偿义务的主体。[①] 然而在船舶碰撞中,这种单一责任主体出现了例外情况。因为船舶碰撞往往会产生多个责任主体,但严格责任原则仍是其指导原则,[②]根据 1992 年《民事责任公约》第 5 条[③]的规定,在损害可以区分的情况下,按照责任,无论是一船漏油,还是多船漏油,按照其损害,都需要漏油船的船舶所有人按照损害比例承担责任。但是在损害无法区分,两船都漏油的情况下,对于船舶漏油损害,双方承担连带责任。[④]

2. 赔偿范围

(1)地理范围

1969 年《民事责任公约》适用于在缔约国领土(包括领海)造成的污染损害,以及为防止或尽量减少此类损害而采取的预防措施。1969 年《民事责任公约》第 2 条、1992 年《民事责任公约》将地理适用范围扩大到根据国际法建立的缔约国专属经济区,并扩展到领海以外和邻近领海的区域,距离其基准范围不超过 200 海里。如果缔约国尚未建立该区域,则衡量领海。此外,它明确规定,任何预防措施,以防止或尽量减少这种损害,无论在何处采取,都包括在

---

① 孙超:《我国船舶油污损害民事责任主体的法律问题研究》,西南政法大学 2015 年学位论文。

② 严格责任(英语:Strict liability、liability without fault;德语:Gefährdungshaftung),在法律上又称无过错责任,指在损害发生的情况下,即使不存在过错,也需要承担损害赔偿责任。在民法上,该原则与过错责任原则相对立。严格责任原则(The principle of strict liability)指当事人一方不履行合同义务或者履行合同义务不符合约定的,应当承担继续履行、采取补救措施或者赔偿损失等违约责任,这是我国《合同法》第 107 条规定的内容。

③ 1992 年《民事责任公约》第 5 条。

④ 1992 年《民事责任公约》第 5 条。

1992年《民事责任公约》中。①

（2）船舶

1969年《民事责任公约》限制其适用于任何类型的实际运输散装油作为货物的海船和海运船。因此，压载舱船只被排除在外。但是，1992年《民事责任公约》第1条将船舶定义为"船舶"，是指为载运作为货物的散装油类而建造或改建的任何类型的海船和海上运输工具，但是，一艘能够运输油类和其他货物的船舶仅在其实际载运作为货物的散装油类时，以及在进行这种运输之后的任何航次，方能被视为一艘船舶，但能证明其上已不再装有散装油类的残余物者外。因此，1992年《民事责任公约》扩大了其适用范围，包括在事故发生时实际上没有散装货物的船舶造成的石油泄漏。此外，1992年《民事责任公约》还将覆盖范围扩大到石油、散装矿石船。实际上，能够运输油类和其他货物的船舶，仅在其实际载运散装油类货物时，以及在此种运输之后的任何航行期间方能被视为船舶，但能证明此种散装油类运输的残余物者除外。对于这两个公约，军舰或由国家拥有或运营并用于非商业政府服务的其他船舶不在申请范围内。

（3）油类

1969年《民事责任公约》第1条第5项中被定义为任何持久性石油，无论是作为货物还是作为货船燃料，只要运载在船上，如原油、燃料油、重柴油、润滑油和鲸油。1992年《民事责任公约》，第1条第5项规定："油类"是指任何持久性烃类矿物油，例如原油、燃油、重柴油和润滑油，无论作为货物装运于船上，还是作为这类船舶的燃料。删除了鲸油，限制了对持久性烃类矿物油的应用。

（4）污染损害

根据1969年《民事责任公约》和1992年《民事责任公约》，"污染损害"是指：（a）由于船舶泄漏或排放油类，而在船舶之外因污染而造成的损失和损害，无论这种泄漏或排放发生于何处，但是，对环境损害的赔偿，除这种损害所造成的盈利损失外，应限于已实际采取或行将采取的合理复原措施的费用；（b）预防措施的费用和因预防措施而造成的进一步损失或损害。"预防措施"是指事件发生后为防止或减轻污染损害由任何人采取的任何合理措施。

---

① 1992年《民事责任公约》第2条。

3.船东的严格责任

船东负有严格责任,但与此同时,根据《民事责任公约》①,可以获得有限数量的免责。索赔人只需要证明损害是由泄漏事件造成的。由《民事责任公约》提供的免责造成污染事件的举证责任在于船东,因此,船东承担因不发生事故而发生的污染索赔的风险,这很重要,因为所有相关证据往往都不在索赔人的控制之内。②

"船舶所有人"是指注册所有人或在登记所有人时拥有该船舶的人。将责任归咎于船舶所有人是《民事责任公约》的重要特征之一。一方面,《民事责任公约》通过排除对《民事责任公约》范围之外的索赔,向船东提出油污损害赔偿;另一方面,排除了除船东以外的各方的索赔。根据1969年《民事责任公约》的规定,不能对船舶所有人的雇佣人或代理人提出任何要求。1992年《民事责任公约》在这方面比1969年《民事责任公约》更进一步。这是因为1992年《民事责任公约》进一步规定不得对以下方面提出索赔:除按本公约规定外,不得对船舶所有人提出污染损害赔偿要求。除根据本条第5款外,无论根据本公约与否,不得对下列人等提出污染损害赔偿要求:(a)船舶所有人的雇佣人员或代理人,或船员;(b)引航员或为船舶提供服务的非属船员的任何其他人;(c)任何承租人(任何类型的承租人,包括光船承租人),船舶管理人或经营人;(d)经船舶所有人同意或根据有关主管当局的指令进行救助作业的任何人;(e)采取预防措施的任何人;(f)第(c)项、第(d)项、第(e)项中提及的所雇佣人员或代理人;除非损害是由于他们本人有意造成这种损害,或是明知可能造成这种损害而毫不在意的行为或不为所引起。本条款旨在通过最大限度地澄清补偿途径,简化污染受害者的赔偿制度,从而加快索赔的解决。③

当发生涉及两艘或两艘以上船舶的事件并造成污染损害时,所有相关船舶的所有人,除按第3条获得豁免权外,应对所有无法合理分开的这类损害负连带责任。在两艘或多艘船舶发生碰撞后造成污染损害的情况下,如果油污只是从《民事责任公约》范围内的一艘船上溢出,并且在不损害追索权的情况

---

① 1969年《民事责任公约》和1992年《民事责任公约》又被统称为《民事责任公约》。因此本书中未特别指明的,均指该两项公约。

② See Colin de la Rue, Charles B. Anderson, *Shipping and the Environment*, 2nd. ed. London, Hong Kong:Informa, 2009, p.98.

③ See Mans Jacobsson, Bunker Convention in Force, *Journal of International Maritime Law* 15,2009: pp.21-36.

下,溢油船的船东应对油污损害承担严格责任,除非他能免除任何责任。《民事责任公约》中规定了免责声明。应该指出的是,《民事责任公约》并没有为涉及导致油污染的碰撞的非溢油船舶提供索赔的依据。

4. 责任限制

作为海商法的传统之一,船东根据《民事责任公约》限制其责任的权利可被视为严格责任基础的交换条件。[①] 就严格责任而言,除非此类责任有限,否则行业不会进行对社会至关重要的危险活动,因为活动产生的风险将大于利润。[②] 根据 1969 年《民事责任公约》的规定,业主有权将任何一件事件的责任限制在合计金额。每吨船舶吨位 2000 法郎,最高补偿金额不得超过 2.1 亿法郎。1992 年《民事责任公约》大幅提高了船舶所有人的责任限额,规定对于不超过 5000 吨位的船舶,限额为 300 万特别提款权(2000 年修正案已经提高为 451 万特别提款权);而对于超过 5000 吨位的船舶,除上述金额外,对每一额外吨位另加 420 特别提款权(2000 年修正案已经提高为 631 特别提款权),但该合计金额在任何情况下不应超过 5970 万(2000 年修正案已经提高为 8977 万)特别提款权。

根据《民事责任公约》的规定,船东的某些行为可能导致失去责任限制。根据 1969 年《民事责任公约》,如果事件是由所有者的实际过失或相互关系而发生的,船东则无权限制其责任。根据 1992 年《民事责任公约》的规定,禁止限制权的行为更加严格,因此更难以打破限制,这可以被视为增加限制金额的妥协。[③] 例如证明该"污染损害"系由所有人故意造成或明知可能造成此种损害而轻率地作为或不作为所致,则该所有人无权根据本公约限制其赔偿责任。

5.强制保险制度

作为货物散装运输超过 2000 吨石油的船舶的船东必须通过适用 1969 年《民事责任公约》或 1992 年《民事责任公约》规定的责任限额来维持强制保险或其他财务担保。1992 年《民事责任公约》规定,船舶所有人可以选择实行强制保险制度或财务保证制度。实行强制保险制度或财务保证制度有利于受害人得到充分的补偿。在缔约国登记的载运 2000 吨以上散装货油船舶的船舶所有人必须进行保险或取得其财务保证,如银行保证或国际赔偿基金出具的

---

① See Colin de la Rue and Charles B. Anderson, supra note 21, p.113.

② Chao Wu, supra note 4, p.62.

③ The Bowbelle,1990,1 Lloyd's Rep.p 532 and MSC Mediterranean Shipping Co SA v Delumar BVBA,*The Rosa M*,2002,2 Lloyd's Rep. p.399.

证书等,保证数额由 1992 年《民事责任公约》第 5 条第 1 款中规定的责任限度决定,以便按本公约规定承担其对油污损害所应负的责任。

缔约国的有关当局在确信上述要求已获得满足之后,应向每艘船舶颁发一份证书,证明保险或其他财务担保根据本公约的规定确属有效。对于在缔约国登记的船舶,这种证书应由船舶登记国的有关当局颁发或认证;对于不在缔约国登记的船舶,证书可由任何一个缔约国的有关当局颁发或认证。

6.时效和管辖权

油污损害赔偿请求的时效为 3 年,自损害发生之日起计算。无论如何不得在引起损害的事件发生之日起 6 年之后提出诉讼。例如该事故包括一系列事件,6 年的期限应自第一个事件发生之日起算。

根据 1992 年《民事责任公约》第 9 条的规定,每一缔约国都应保证它的法院具有处理赔偿诉讼的必要管辖权。当某一事故在一个或多个缔约国的领土(包括领海)或该公约第 2 条所规定的区域中造成了污染损害时,或在这种领土(包括领海)或区域中采取了防止或减少污染损害的预防措施时,赔偿诉讼可向上述任何一个或多个缔约国的法院提起。上述任何诉讼的适当通知,均应送交被告人。

由具有上述管辖权的法院所作的任何判决,如可在原判决国实施而不再需要通常复审手续时,除下列情况外,应为各缔约国所承认:

(1)判决是以欺骗取得的;

(2)未给被告人以合理的通知和陈述其立场的公正机会。

按上述规定确认的判决,一经履行各缔约国所规定的各项手续之后,应在各该国立即实施,在各项手续中不允许重提该案的是非。

二、国际油污损害赔偿基金

国际油污赔偿基金(The International Oil Pollution Compensation Funds,以下简称 IOPC-Funds)为成员国发生的由油轮中持久性石油泄漏造成的油污损害提供经济补偿。

为减轻船舶所有人因海上事故所引起的油污损害赔偿责任和为补偿油污受害人所受损失,而由石油进口公司提供摊款设立国际基金的 1971 年《基金公约》,是 1969 年《民事责任公约》的补充公约。1971 年 12 月 18 日订于布鲁塞尔,1978 年 10 月 16 日生效,中国尚未参加此公约。其主要内容为(1)对受害人的补偿和免予补偿。(2)对船舶所有人的补贴和免予补贴。(3)国际基金的来源。

1984 年 5 月 25 日在国际海事组织召开的外交会议上,通过了修订 1971 年《基金公约》的 1984 年议定书,并定于 1984 年 12 月 11 日起在伦敦国际海事组织总部开放签字。该议定书的主要内容是:提高了油污基金的"补偿"限额,取消了对船舶所有人进行的"补贴";取消了缔约国的初次摊款。由于 1992 年议定书中关于修订 1971 年《基金公约》的退出机制,1992 年《基金公约》的 56 个成员从 1998 年 5 月 16 日起不再是 1971 年《基金公约》的成员。2002 年议定书修正了 1971 年《基金公约》第 43 条,规定当缔约国数目低于 25 个时,1971 年《基金公约》不再存在。国际海事组织也通过了关于清理 1971 年 IOPC 基金的决议,敦促各缔约国退出 1971 年《基金公约》并成为 1992 年 IOPC 基金的成员。1971 年公约于 2002 年 5 月 24 日停止生效,不适用于任何发生在该日期之后的事件。因此,在本书中,只有 1992 年《基金公约》和 1992 年 IOPC-Funds 关于权利主体的规定与 1969 年《民事责任公约》和 1992 年《民事责任公约》的规定类似。在 IOPC-Funds 的成员国管辖水域发生的油污损害,其受害人有权向 IOPC-Funds 提出赔偿要求。受害人包括私营个体户、合伙人、公司、私人机构或者公共团体(国家或者地方当局)。如果几个索赔者遭受类似的损害,可以共同索赔。1969 年《民事责任公约》和 1992 年《民事责任公约》的责任主体是船舶所有人,索赔对象是船舶所有人或者其保险人、财务保证人。但在实践中,一般是由保赔协会来负责。IOPC-Funds 的赔偿主体是国家油污损害赔偿基金组织。所以在索赔方面,国际油污损害赔偿基金组织一般与保赔协会共同合作。

1. 赔偿范围

1992 年 IOPC 基金可用于以下情况:(1)根据 1992 年《民事责任公约》的规定,船东免于承担责任;(2)船东在财务上无法全额履行其义务,任何财务担保不包括或不足以弥补损害;或(3)损害超过 1992 年《民事责任公约》规定的赔偿责任限额。与此同时,如果(a)证明污染损害是由于战争、敌对行动造成的,1992 年 IOPC 基金不承担赔偿义务。内战或叛乱,或者是由国家拥有或经营的军舰或其他船舶逃逸或排放的石油造成的,并且在事件发生时用于政府的非商业性服务。(b)索赔人不能证明损害是由涉及一艘或多艘船舶的事件造成的。此外,如果证明污染损害是完全或部分由此造成的,1992 年 IOPC 基金全部或部分免除其支付赔偿的义务。部分来自一个意图造成损害的人或因该人的疏忽而造成损害的作为或不作为。但是,因索赔人的共同疏忽而免除款项不适用于预防措施。最高补偿金额由 1992 年 IOPC 基金最初设定的任意一次事故为 1.35 亿特别提款权,从 2003 年 11 月 1 日起增加到 2.03 亿特

别提款权。这一数额包括船东根据 1992 年《民事责任公约》支付的实际
数额。[①]

　　2. 代位权

　　1992 年《基金公约》保留 1992 年 IOPC 基金对船东以及其担保人和第三
方的追索权或代位权。此外,已向任何人支付污染损害赔偿的缔约国或代理
机构也应以代位权取得该人根据 1992 年《基金公约》享有的权利。

表 1-2　1992 年基金[②]向普通基金和主要索赔基金征收的最新捐款(2013—2016 年)

年份	截止日期	基金	总贡献 (£)	每吨贡献 贡献石油 (£)
2013	2014.01.03	普通基金	3300000	0.0021077
		主要索赔基金	2500000	0.0018429
		主要索赔基金	7500000	0.0048892
2014	2015.01.03	普通基金	3800000	0.0024779
2015	2016.01.03	普通基金	4400000	0.0029061
2016	2017.01.03	普通基金	9700000	0.0062582
		主要索赔基金	6400000	0.0041634

三、2003 年《补充基金公约》

　　在 Erika 和 Prestige 事件之后,1992 年《民事责任公约》和 1992 年《基金
公约》表明,其提供的赔偿不能充分补偿受害人。补充性 IOPC 基金是由
2003 年《补充基金公约》设立的。若油污造成的总的损害超出或者有可能超
出依据 1992 年《基金公约》提供的适用赔偿限额,则提供第三级赔偿。只有
1992 年《基金公约》的缔约国才有权获得参加 2003 年《补充基金公约》,只有
1992 年 IOPC 基金认可的既定索赔才能由补充 IOPC 基金支付。补充 IOPC

---

　　① See IOPC Fund Annual Report,2017,http://www.iopcfund.org/npdf/AR2011_
e.pdf.

　　② 根据 1992 年《基金公约》设立的基金全称为 1992 年国际油污损害赔偿基金(The
International Oil Pollution Compensation Fund 1992,简称 1992 年基金)。凡加入 1992 年《基金
公约》的缔约国默认为 1992 年基金的缔约国。同理 2003 年《补充基金公约》的缔约国也是
补充基金的缔约国。

基金对任何一次事件的最高赔偿额高达 7.5 亿特别提款权,其中包括根据1992 年《民事责任公约》和 1992 年《基金公约》应付的金额。补充性 IOPC 基金的资金来自在一日历年内收到超过 150000 吨原油和重质燃料油的缔约国的缴款。此外,还来源于 2003 年《补充基金公约》第 14 条规定的"会员费",应视为在每一缔约国中至少收到了 100 万吨摊款油。当在某一缔约国中收到的摊款油的累计量不足 100 万吨时,在对收到的累计油量没有责任人的范围内,该缔约国应承担根据 2003 年《补充基金公约》有责任为在该国领土内收到的油类向补充基金摊款的任何人员所负的义务。

缔约国应根据 1992 年《基金公约》第 15 条向补充 IOPC 基金主任通报有关石油收据的信息。如果缔约国不履行提交来文的义务,因此导致的财务损失,缔约国应负赔偿责任。此外,若缔约国不履行第 13 条和第 15 条规定的通信义务,则暂时拒绝提供 IOPC 基金的赔偿。如果在补充 IOPC 基金主任通知缔约国未能提交报告后一年内未履行通信义务,则赔偿将被永久拒绝。

四、两项自愿协议:STOPIA 2006 和 TOPIA 2006

2003 年《补充基金公约》大大增加了石油污染受害者的赔偿金额。但是,它打破了 1992 年《民事责任公约》和 1992 年《基金公约》所达到的平衡,因为石油进口者所承担的赔偿的财政负担变得不成比例。这种不平衡已经通过两项自愿协议即 STOPIA2006 和 TOPIA 2006 来调整,这两项协议是通过法律约束建立的。作为 P&I 俱乐部国际集团成员的 P&I 俱乐部投保油污风险的船东之间的协议。根据 1992 年《民事责任公约》,小型油轮的最低责任限额为450 万特别提款权,而根据这项协定增加到 2000 万特别提款权。STOPIA 2006 适用于 1992 年 IOPC 基金成员国的油污事故。如果满足以下三个条件,STOPIA 2006 规定油轮将被视为"相关船舶":(1)油轮为 29845 吨或更少;(2)由 P&I 俱乐部投保,该俱乐部是国际保赔协会集团的成员;和(3)通过国际保赔协会集团的汇集安排再保险。国际集团的俱乐部已修改其规则,以便所有"相关船舶"自动进入 STOPIA 2006。①

---

①　Any other business—STOPIA,Document 92 FUND/ EXC.37/8.

表 1-3　油轮污染损害国际油污损害赔偿制度下任何一起事故的最高赔偿金额

公约/议定书	最高补偿金额
1992 年《民事责任公约》（第一层）	——对于不超过 5000 吨位的船舶,451 万特别提款权； ——吨位超过 5000 吨位的船舶每增加一吨吨位的特别提款权为 631 特别提款权； ——总量不得超过 8977 万特别提款权。
1992 年《基金公约》（第二层）	2.03 亿特别提款权
2003 年《补充基金公约》（第三层）	7.5 亿特别提款权
STOPIA 2006（自愿协议）	总吨位为 29548 总吨或更低的油轮 2000 万特别提款权
TOPIA 2006（自愿协议）	2003 年补充基金支付金额的 50%

五、《燃油公约》

《2001 年燃油污染损害民事责任国际公约》是国际海事组织借鉴 1992 年《民事责任公约》和 1992 年《基金公约》的成功经验,为船舶燃油溢出或排放事故造成的污染损害提供迅速有效赔偿的补充措施而制定的又一个关于油污损害民事责任的国际公约。

1. 适用范围

一般而言,公约适用于非油船溢出的用于或打算用于操作或推进船舶的燃料油、润滑油及其残余物。与 1992 年《民事责任公约》一样,公约不仅适用于在领海和专属经济区发生的溢油事故,还适用于在其他区域采取的预防措施。

2. 索赔对象

与 1992 年《民事责任公约》不同,《燃油公约》的责任人不仅包括登记的所有人,还包括光船租船人、船舶经营人和船舶管理人。同时,受害者还可以直接向责任保险的保险人提出索赔。

3. 索赔范围

与 1992 年《民事责任公约》相类似,《燃油公约》的索赔范围仅限于因溢油引致的直接损失、为恢复环境实际采取或将要采取的合理恢复措施的费用、预防措施的费用以及因采取预防措施而造成的新的灭失或损害。

4. 船东责任

船东对燃油污染负严格责任,同时和 1992 年《民事责任公约》一样,船东对完全由于不可抗力、第三方故意行为、政府过错和受害人过错造成的损害免责。此外,当受害人过错部分地造成损害的情况下,船东还可以相应地减轻自己的责任。

在多艘船舶造成污染损害的情况下,对于无法区分开来的损害,由这些船舶的船东负连带的严格责任。

5. 责任限制

和 1992 年《民事责任公约》不同,《燃油公约》没有设立独立的责任限制。公约将这一问题交由各成员国自己来决定。

6. 强制保险和证书

公约要求所有 1000 总吨以上船舶必须强制投保燃油责任险或持有其他财务保证。保险或保证数额应符合各缔约国适用的国内或国际责任限制制度的规定,但最高不应超出《1976 年海事赔偿责任限制公约》(*Convention on Limitation of Liability for Maritime Claims*,1976)及其修正案规定限额。

公约还要求在缔约国登记的船舶必须持有由缔约国主管当局签发的证书,以证明该船已根据公约规定投保或已取得其他有效的财务担保。对不在缔约国登记的船舶,则应持有由任一缔约国主管当局签发的上述证书。

7. 时效

与 1992 年《民事责任公约》一样,有关燃油污染损害赔偿的诉讼时效为 3 年,从损害发生之日起计算。但不管在何种情况下不得在引起损害的事故发生之日起 6 年之后提起诉讼。

8. 管辖与判决的承认和执行

《燃油公约》在管辖方面的规定也和 1992 年《民事责任公约》相同,由事故发生地或预防措施行为地的法院专属管辖。上述法院作出的生效判决,除非存在欺诈或剥夺被告人得到适当通知和陈述案件的公正机会的情形,各缔约国应予以承认和执行。

《燃油公约》适用于油轮和非油轮海洋船舶的燃油自船上溢出或排放引起的污染损害。《燃油公约》在适用范围、适用对象、赔偿责任以及责任限制等问题上具有如下特征：

　　(1)船舶既包括油轮，也包括散货船和其他船舶；

　　(2)燃油是指在燃料舱内的燃油及其残余物，包括润滑油；

　　(3)船舶所有人(包括登记所有人，光船承租人、船舶经理人和经营人)对因燃油溢出或排放引起的污染损害承担赔偿责任；

　　(4)船舶所有人可以享受不超过经修正的《1976 年海事赔偿责任限制公约》的最高限额的责任限制。

第三节　小结

　　船舶油污损害赔偿国际制度被认为是成功实现油污事故受害者赔偿的目标，并已成为模范的法律制度。它不但致力于为缔约国的石油污染事件受害者提供适当的赔偿，还平衡船东和石油进口者之间的财政负担。从广泛的全球批准中可以清楚地看到它的成功。[①]

　　油轮泄漏造成损害的国际油污损害赔偿制度主要受两项公约——1969年《民事责任公约》和 1971 年《基金公约》管辖。这两项公约于 1992 年由两项议定书修订，这两项议定书扩大了赔偿限额，同时扩大了以往公约的适用范围。2000 年，就完善 1992 年《民事责任公约》和 1992 年《基金公约》的限制达成了协议。2003 年设立的补充基金将批准该补助金的国家的赔偿额增加到约 120 万美元。国际海事组织制度规定了油轮所有者的严格责任原则，并建立了强制责任保险制度。它涵盖污染损害，但环境损害赔偿(除了因环境损害而造成的利润损失除外)仅限于采取合理措施恢复受污染环境所产生的费用。

　　即使没有发生溢油事故，预防措施所产生的费用也可以收回，前提是污染损害严重且迫在眉睫。油污损害赔偿(包括清理费用)的索赔可以对造成损害的油轮所有者提起，或直接针对船东的保赔保险公司。油轮船东通常有权将其责任限制在与造成污染的油轮吨位有关的数额上。作为基金公约缔约国的国家的石油进口者有责任通过 IOPC 基金支付补充赔偿金，必须充分补偿漏油所造成的环境损失和经济损失。但实际上《民事责任公约》和《基金公约》的相关规定在这方面有些令人失望。

---

　　① 截至 2018 年 10 月，1992 年《民事责任公约》有 137 个缔约国，1992 年《基金公约》有 115 个缔约国；2003 年《补充基金公约》有 31 个缔约国，《燃油公约》有 66 个缔约国。

　　虽然公约规定了相对简单的索赔程序,但是索赔人在发生灾难性石油泄漏事件时不太可能获得足够的赔偿,而且石油工业受到的压力较小,责任和赔偿制度由两者制定。公约在国际社会中得到了回应。随着基金公约成功地确保了支付赔偿的快速赔偿程序,各国公约的批准状况正在上升,这表明了协调石油污染损害赔偿责任和赔偿制度的法律和实践的方法,已经通过这两项公约的国家实现了公平的损害赔偿。到目前为止,责任和赔偿制度运作良好。除少数情况外,已通过这两项公约的国家已经公平地报道了损害情况。相反,在仅采用《民事责任公约》的国家,根据本公约或国家法律所赔偿的金额几乎不包括所遭受的损害。

　　国际海事组织公约建立的赔偿责任和赔偿制度必须在各国之间实现完全统一和完全互惠。各国必须准备放弃一些主权权利,因为期望在其他一些国家的管辖范围内更好地保护自己的利益。

　　经过半个多世纪的努力,油污损害赔偿制度形成了比较完善的法律机制,它们具有以下特征:

　　1. 油污赔偿制度呈现出统一的国际趋势。

　　2. 在国际层面建立船舶油污赔偿制度的基本法律框架。

　　3. 国际立法已成为一种新形式,使其成为国际公约的重要补充。

　　4. 损害赔偿责任限额的规定呈现逐渐增加的趋势。

第二章　国家对国际油污损害赔偿制度接受程度的考虑因素和国家决策

关于油轮油污的赔偿问题,各国在接受国际油污损害赔偿制度的程度上存在差异。根据 1969 年《民事责任公约》、1992 年《民事责任公约》、1992 年《基金公约》和 2003 年《补充基金公约》的批准,截止到 2018 年 10 月,1992 年《基金公约》有 115 个缔约国,2003 年《补充基金公约》有 31 个缔约国。这些国家按照加入的情况不同可以分为五组,在一定程度上反映了该国对油轮污染事故受害者的保护水平:

(1)尚未批准或加入任何有关国际公约的国家;

(2)仅加入 1969 年《民事责任公约》的国家;

(3)已加入 1992 年《民事责任公约》但未加入 1992 年《基金公约》的国家;

(4)已加入 1992 年《民事责任公约》和 1992 年《基金公约》的国家;和

(5)已加入 1992 年《民事责任公约》和 1992 年《基金公约》以及 2003 年《补充基金公约》的国家。

那么这些国家选择不同的接受程度的原因是什么? 哪些因素可以使国家更接近国际法?

众所周知,油轮油污是一个热门话题,许多专家对 IMO 公约的发展方面的技术和操作规程以及事故分析做了大量的研究。[①] 然而,从经济理论的角度来看,系统分析较少。与此同时,由国际公约和国家立法组成的赔偿责任制度尚未得到统一。监管机构有必要全面了解成本效益分析,以达到最佳污染防治水平。

关于影响因素,2012 年联合国贸易和发展会议(以下简称贸发会议)发布的一份报告——《船舶油污责任和赔偿报告》中提出了一些可能与国家决策者在评估加入 1992 年《民事责任公约》、1992 年《基金公约》或 2003 年《补充基

---

① 　IOPC 基金,http://www.iopcfunds.org/about-us/membership/map/,下载日期:2017 年 2 月 15 日。

金公约》的有关优点时的考虑因素。主要有以下五点：

（1）接触油轮油污染的风险以及可能因重大油污事故而引起油污损害潜在损失的任何国家或者地方；

（2）遵守最新的相关国际法律文书的相对利益；

（3）与遵守相关国际法律文书的财务负担；

（4）根据国家法律或根据国家已经缔约的有关国际法律文书向油轮污染受害者提供的现有保护水平；

（5）评估相关国际法律文书规定的实质价值，遵守最新相关国际油污损害赔偿制度公约的相对利益。

各国的国家风险和脆弱性差别很大，而且不是在限制范围内可适当处理的事项。但是，所有通过海运方式出口或进口石油的国家都是潜在的接触油污风险高的国家，以及沿海相关过境路线的国家和国内沿海运输石油的国家。在经济上，特别是有些经济主要依赖于渔业或旅游业的国家，可能会受到油污泄漏的严重影响。

众所周知，遵守相关国际公约有关赔偿油轮油污损害的主要好处是，缔约国"更有能力处理油轮漏油后造成的损害后果"，换句话说，这些国际公约的缔约可以从船东和石油货物接收国提供的赔偿中获益，根据国际油污损害赔偿制度的公平运作，所有成员国的索赔人都应该得到平等的对待，因此，对石油污染受害者的赔偿，加入同一国际公约的缔约国（即1969年《民事责任公约》或1992年《民事责任公约》或1992年《基金公约》或2003年《补充基金公约》）之间不应有差异，但最高赔偿额却会因为加入不同的国际公约，对受害人的补偿不同。根据1969年《民事责任公约》的规定，污染受害者可获得的最高赔偿额比2003年《补充基金公约》规定的污染受害者最高赔偿额大约低53倍。国际油轮油污损害赔偿制度的不同接受程度可以反映出对油污事故受害者的不同程度的保护。所以根据联合国贸发会议的报告，结合各国具体情况，笔者认为下列三个因素是影响国际油轮油污损害赔偿制度的接受程度的最重要因素。具体是：

（1）接触油污的风险；

（2）遵守相关国际公约的相对收益和财务负担；和

（3）经济发展水平。

第一节　接触油污的风险

国际油轮船东防污染联合会（The International Tanker Owners Pollution Federation Ltd,简称 ITOPF）的指导意见指出,一些国家尚未签署基金公约的主要原因是认为该国的石油泄漏风险不高。低溢油风险很可能是当地进口石油比较少,那么它会给人们造成低溢油风险的感觉。然而,出口原油和油轮经过该国到其他国家的油轮可能会造成该国石油泄漏的风险。尤其是在封闭半封闭海域即使发生小规模油污事故,也很难清理,造成损失和清算成本高。虽然统计数据表明世界上任何地方发生重大石油泄漏的可能性都不大,但是一旦发生重大事故,当地的经济能力可能无法承担这些事故的严重后果。

如果没有重大的石油泄漏,似乎不值得购买国际油污基金作为保险。但是,如果发生事故,而该国又不是 1992 年《民事责任公约》和 1992 年《基金公约》的成员,由于缺乏足够的财政支持,该国可能会推迟必要的应急响应行动,以尽量减少处置风险。这样容易造成更大的后果,对海洋环境和生态资源可能造成巨大的损失,而且该国受害人也无法获得足够的赔偿保障。

石油泄漏的风险定义为泄漏的概率（或可能性）乘以这些事件的后果。[1] 公式如下:

　　风险＝后果×概率

石油泄漏的可能性分析用于确定特定地理区域船舶意外泄漏的频率、数量、类型和位置。应考虑输油量和类型、历史泄漏记录,需要较长时间跨度才能获得平均结果,而且包含交通模式和频率、事故历史报告和统计数据、专家经验和判断等方面。船舶意外泄漏的频率、数量和类型在不同地点之间差异很大,这取决于运输的石油量和主要与航行危险有关的当地因素的综合影响。这些当地因素包括交通密度、天气和海况、能见度、水深和海床的性质等。还有关于露天捕捞时间、地点和持续时间的考虑因素。[2] 估计可能性的首选方法是通过数据的统计分析。过去的泄漏记录是风险分析的最佳基础。如果数据不足,分

---

[1]　参见 IMO Publishing 出版的 2010 年版《溢油风险评估和应急准备评估手册》。

[2]　See Michael G. Faure and James Hu（eds.）, Prevention and Compensation of Marine Pollution Damage: Recent Developments in Europe, China and the US, *Alphen Rijn*, *Kluwer Law International*, 2006, iv.

析必须至少部分依赖于其他资源,如专家判断和数据库。[①] 在执行风险分析时,相关专家的判断通常至关重要。用于分析的数据对结果有显著的影响。[②] 它们会影响结果的可靠性,并可能增加结果的不确定性。数据可能来自国际和国家数据库。例如,历史溢出记录可能来自 ITOPF 的溢出数据库。30 多年来,ITOPF 已经在 100 多个国家收集了 800 多起污染泄漏事件并作出回应。根据 ITOPF 对这些油污事故的发生概率和频率,将油污泄漏的级别评定为三个等级,并就清理措施、环境和经济影响以及事故后的补偿方案提供科学客观的建议。

表 2-1　3 风险级别和概率

级别	概率	发生频率
Level 3	高	一年一次
Level 2	中	每十年一次
Level 1	低	每五十年一次

也可以分为五个级别:

表 2-2　5 风险级别和概率

级别	概率	发生频率
Level 5	几乎	每年一次
Level 4	可能	每五年一次
Level 3	可能	每十年一次
Level 2	不太可能	每三十年一次
Level 1	稀有	每五十年一次

[①] See Michael G. Faure and James Hu (eds.), Prevention and Compensation of Marine Pollution Damage: Recent Developments in Europe, China and the US, *Alphen Rijn*, *Kluwer Law International*, 2006, iv.

[②] Irina Enache, Sahina Zagan, Risk Assessment of Oil Marina Pollution, in Exposure and Rish Hesment of Chemical Pollution-Contemporcry Methodology, eds. L.I. Simeroy and M.A. Hossinen, Springer, 2009, pp.325-334.

See Michael G. Faure and James Hu (eds.), Prevention and Compensation of Marine Pollution Damage: Recent Developments in Europe, China and the US, *Alphen Rijn*, *Kluwer Law International*, 2006, iv.

　　油污泄漏的风险还有另一个标准是关于油污后产生的后果,后果的关键标准是特定地理区域的环境和社会经济脆弱性。应急计划的脆弱性分析部分提供有关在泄漏事件中可能受到损害的资源和经济的信息。确定舒适区、生态敏感区、海水入口、渔业、海水养殖、海鸟和海洋哺乳动物以及可能受到石油泄漏威胁的其他资源。由于不可能对所有敏感资源给予同等保护,因此需要确定优先事项。考虑到每种资源的实际问题以及相对的经济和环境价值及其对石油污染的敏感性。季节变化,例如应注意海滩和繁殖区。关于资源的位置和敏感性以及保护优先事项的信息,经常以应急计划所附的地图形式提供。石油泄漏的主要影响属于经济性质,包括财产损失、业务中断和间接损失。因此,损失可以用货币形式来描述。

　　石油泄漏的后果是指事故可能导致的社会经济或环境成本或损害。它是许多因素的函数,例如船舶在事故发生时携带的货物的数量和类型,事件响应的有效性,以及与环境和经济敏感区域的接近程度。位于高度暴露地区的国家不但发生石油泄漏的可能性很高,而且如果发生重大的石油泄漏事件,也可能面临灾难性损失。通过 1992 年《民事责任公约》可以确保石油污染受害者能够从比 1969 年《民事责任公约》获得更为实质性的经济补偿规则中获益。[①]此外,如果一个国家是 IOPC 基金的成员国之一,它发生重大石油污染事件的风险和所造成的财务损失可能会分散给 IOPC 基金。[②]

　　因此,那些具有更大石油泄漏风险的国家可能更有动力加入 1992 年《基金公约》或 2003 年《补充基金公约》。

　　大多数关于评估油轮溢油事故风险的研究都是在区域层面进行的。现有的研究很少在全球范围内对不同国家的风险类别进行分类。这可能部分归因于此类风险评估的复杂性。

　　为了评估与准备程度相关的风险认知,研究"石油泄漏风险和区域海洋准备状况"由一群 ITOPF 研究人员进行,以提供 14 个区域海域油轮溢油风险的概述。1974 年在斯德哥尔摩举行的联合国人类环境会议之后启动的区域海洋计划是环境署的一项计划,旨在通过可持续管理和利用海洋和沿海环境,通

---

　　① 第三届北极航运会议,俄罗斯圣彼得堡,2007 年 4 月,See http://www.itopf.com/information-services/publications/papers/documents/arctic_shipping.pdf.

　　② 《1992 年国际油污赔偿基金的套期保值战略和融资》,斯特拉斯堡 UDS 的经济局和经济局的 BETA 工作论文,http://www.beta-umr7522.fr/productions/publications/2005/2005-12.pdf。

过让邻国参与全面和具体的行动来保护其共有的海洋环境,解决世界海洋和沿海地区加速退化的问题。

和联合国环境规划署(以下简称环境署)定义的 5 个伙伴海,通过比较泄漏的历史发生情况和运输的石油量,推断出不同地区油轮溢油的相关风险。

表 2-3 所示,显示了不同地区油轮溢油风险的不同程度。

表 2-3　19 个海域油轮泄漏风险(高、中或低)程度

海　域	风险类别
东北太平洋	低
东南太平洋	低
西南大西洋	中
加勒比海域	中
西非和中非	中
东部非洲	中
红海和亚丁湾	中
海湾地区	中
地中海	高
黑海	高
里海	中
波罗的海	中
东北大西洋	高
南亚地区海洋	中
东亚地区海洋	高
南太平洋	低
西北太平洋	高
北极	低
南极洲	低

表 2-3 大体指明了油污事故风险比较高的海域。可以看出,中国位于的东亚地区海洋,面临比较高的油污损害风险。此外,较高的就是石油运输经过的海域以及封闭、半封闭海域。

第二节　　遵守最新的相关国际法律文书的
相对利益和财务负担

一般而言,作为有关国际法律缔约方的国家比没有加入油污损害赔偿的国家更适合处理油轮溢油事故造成的损害后果,在 1969 年《民事责任公约》和1992 年《民事责任公约》中,无论油轮的旗帜、油轮的所有权归属,还是事故发生的地点在哪里,只要损害发生在缔约国,就可以按照法律实施对污染损害的赔偿。索赔的实际可执行性受到法定机制的保障,该机制要求对在缔约国境内运营的船舶提供强制性责任保险,同时要求索赔人对保险公司采取直接行动,索赔人无论是政府或其他当局以及私人机构都可以获得补偿。由于采取任何预防措施,或采取合理措施恢复环境而作为清理行动一部分而产生费用的公司和个人,以及对于因石油污染而遭受物质或经济损失的人,例如渔民或从事旅游业的人,也可以获得赔偿。

但是,根据适用的公约,赔偿的金额和范围也存在重大的差异,潜在的索赔人在更高程度接受国际公约的法律条件下享有更好的保护。

比如 1992 年《民事责任公约》就比 1969 年《民事责任公约》具有更广泛的地理和实质性应用范围。虽然 1969 年《民事责任公约》涵盖了在领土或领海遭受的石油污染损害的缔约国,1992 年《民事责任公约》的应用延伸到了遭受的石油污染损害专属经济区(EEZ)或缔约国的同等地区。这种更广泛的地理范围可能适用于可能受到石油泄漏影响的任何国家渔业有关的地区。此外,1992 年《民事责任公约》涵盖了任何相关的石油污染造成的损害涉及油轮的事故,而不仅仅是在过程中发生的事故满载的航程。

此外,石油污染受害者可获得的赔偿差别也很大。这不仅是因为 1992 年《民事责任公约》下的责任金额明显高于 1969 年《民事责任公约》所设想的数额,特别是对于可能涉及特别破坏油污事故的大型船舶;根据船舶规模,船东在 1969 年《民事责任公约》下的责任限制为最多 14000000SRR(约 21600000美元),而根据 1992 年《民事责任公约》的规定,相关责任最高为 897700000 特别提款权(约 1.385 亿美元)。重要的是,就 1969 年《民事责任公约》缔约国的石油污染损害而言,由于 1971 年《基金公约》自 2002 年 5 月 24 日起停止生效,因此基金的额外补偿"第二级"不再可用。这些国家的石油污染受害者可获得的总体最高赔偿额是由 1969 年《民事责任公约》规定的责任限额决定的,即根据船舶规模，每次事故最高可达 1400 万特别提款权。相比之下，1992 年《基金公约》缔约国的石油污染受害者可获得 1992 年 IOPC 基金提供的额外补偿，而无论船只规模多少，每个事件的总额为 2.03 亿特别提款权。即使在该缔约国的石油进口者没有向 1992 年基金捐款，也可以获得这种赔偿。因此，每年"缴费"石油收入低于 150000 吨的缔约国可从 1992 年 IOPC 基金提供的实质性补偿中受益，而该国的石油进口商却不会产生任何财务负担。

如上所述，遵守 1992 年《民事责任公约》与缔约国或其国家航运和石油工业的财务并没有什么关系。但是，每年"贡献石油"收入少于 150000 吨的国家通过了 1992 年《基金公约》，才会造成财务负担。因此，对于这些国家来说，遵守 1992 年《民事责任公约》和 1992 年《基金公约》是一种"双赢"的局面。对于 1992 年《基金公约》的缔约国，其年度收入超过 150000 吨，需要向 1992 年 IOPC 基金报告相关的"人员"和数量的石油，每个报告的受援国超过 150000 吨油。每个贡献者每收到一吨"贡献的石油"，就需要支付一定的金额。IOPC 基金大会每年（以英镑为单位）征收的金额根据预期的索赔数量和规模而有所不同。因此，需要向 1992 年 IOPC 基金捐款的那些缔约国，产生的财务风险也可能每年不同。

但是根据 ITOPF 提供的一些数据来看，即使对于拥有大量"缴费石油"收入的缔约国，与 1992 年《基金公约》中缔约国任何一次油污事件的受害者可获得的潜在赔偿并列（包括赔偿根据 1992 年《民事责任公约》从船东处获得的金额约为 2 亿英镑）。[1]鉴于过去曾参与 1992 年 IOPC 基金，国家政策制定者，特别是尚未成为 1992 年《民事责任公约》和 1992 年《基金公约》缔约国的沿海发展中国家的财务风险相对有限，但可能面对潜在的重大油轮溢油事故和接收有限的原油或者重油的运输的国家，不妨考虑加入的优点。

贸发会议报告中提出的最后审议是与遵守有关国际公约有关的财政负担。这是因为 IOPC 基金成员国的任何人已经收到超过 150000 吨的贡献石油总量，这些石油通过海运，到达该国境内的港口或码头设施，该国应每年缴纳一笔捐款。[2]

---

① See UNCTAD Report of Liability and Compensation for Ship-Source Oil Pollution: An Overview of the International Legal Framework for Oil Pollution Damage from Tankers, *Studies in Transport Law and Policy*, 2012 No.1, p.22.

② 参见 IOPC 基金 1992 年《基金公约》第 10(1)(a)条和 2003 年《补充基金公约》第 10(1)(a)条。

这里的贡献与原油和燃料油的进口是成正比的。根据 2003 年《补充基金公约》,确定了最低缴款要求。根据 2003 年《补充基金公约》第 14(1)条的规定,缔约国需要每年最少收到 100 万吨贡献石油。如果收到的摊款石油总量少于 100 万吨,则缔约国必须承担支付 100 万吨之间的差额和石油进口者实际缴款之间的差额的义务。

加入 1992 年《基金公约》或 2003 年《补充基金公约》对那些报告原油或燃料油年收入低但可能容易受到主要油轮溢油事故影响的国家特别有益。这是因为加入 1992 年《基金公约》或 2003 年《补充基金公约》确保了大量赔偿,但不会招致沉重的财政负担。因此,收到有限的原油和燃料油运输的国家,特别是那些同时面临潜在高风险的国家,可能愿意采用 1992 年《基金公约》或 2003 年《补充基金公约》。

一般而言,年度贡献与一年内收到的原油和燃料油成比例。① 在这项研究中,财政负担是指 1992 年 IOPC 基金会员国的财政负担以及 1992 年 IOPC 基金会员国的潜在财务负担。由于没有向 1992 年 IOPC 数据提供有关 1969 年 CLC 批准的实际捐款,这些国家的 1992 年《民事责任公约》、1992 年《基金公约》和 2003 年《补充基金公约》均来自国际海事组织的文件。

由目前不是 1992 年 IOPC 基金成员国的国家提供资金,其财政负担以摊款石油(包括原油和燃料油)的进口量来衡量。使用原油和燃料油的进口量来衡量财务负担有两个限制:第一个限制是,根据 1992 年《民事责任公约》第 10(1)条的规定,贡献的石油可能包括从国外运输的石油和从同一国家的另一个港口运输的石油。第二个限制是,由于要求提供最低限度的捐款,因此不考虑对补充基金的年度捐款。所以这样存在于缔约国身上的财务负担,也可能潜在的放在一国石油进口者身上。②

---

① 贸发会议船舶油污染责任和赔偿报告,见《油轮油污损害国际法律框架概述》,载《运输法研究和政策》2012 年第 1 期。

② 2016 年 116 个国家的原油和燃料油进口来自国际能源署(以下简称"IEA")数据库。经合组织国家能源统计(2015 年版)和非经合组织国家能源统计(2015 年版),国际能源署统计。See http://wds.iea.org/wds/pdf/WEDBES_Documentation.pdf.

第三节　经济发展水平

经济发展水平是指一个国家经济发展的规模、速度和所达到的水准,反映一个国家经济发展水平的常用指标有国民生产总值、国民收入、人均国民收入、经济发展速度、经济增长速度。

除了贸发会议报告中提到的上述考虑因素外,经济发展水平也可被视为可能影响油轮油污损害国际油污损害赔偿制度接受程度的重要因素。

首先,由于社会的经济结构是我们的法律和政治上层建筑的基础[①],并且《法律保障直接服务于经济利益》[②],因此在很大程度上是经济发展水平可能在决定通过相关国际公约方面发挥重要作用。

其次,国际船舶油污损害赔偿制度旨在为缔约国的油污事故受害者提供充分和迅速的赔偿。一些学者认为,贫穷国家的污染索赔总是比富裕国家的污染索赔更小,费用更低,[③]因此,它们不愿以相对较高的财务上限批准相关的国际公约。

最后,船舶油污的国际补偿制度也被认为与环境问题和环境保护战略有关。这是因为国际油污损害赔偿制度可以为有关方面提供奖励,以控制和实施减少污染的措施,反过来可以产生更好的海洋环境保护。[④] 此外,对清理费用的适当补偿可以促进迅速清理作业,这本身可能有利于海洋环境。较富裕的国家可以比较贫穷的国家更好地承担更多的环境保护活动。[⑤]

此外,最近的一项研究表明,平均而言,较富裕国家的居民往往比较贫穷

---

① Marx, K. and Engels, F., A Contribution to the Critique of Political Economy in Collected Work, Vol.29, *London: Lawrence & Wishart*, 1975, pp.263-264.

② Weber, M, Economy and Society: An Outline of Interpretive Sociology, *University of California Press*, 1978, p.334.

③ Alan Khee-Jin Tan, Ship Marine Pollution—The Law and Politics of International Regulation, London: *Cambridge University Press*, 2006, p.330.

④ Gotthard M. Gauci, Protection of the Marine Environment through the International Ship-Source Oil Pollution Compensation Regimes, *Review of European Community & International Environmental Law*, 1999, No.8, pp.29-36.

⑤ Mark Sagoff, The Economy of the Earth: Philosophy, Law, and the Environment, 2nd, ed., New York: *Cambridge University Press*, 2008, p.4.

国家的居民具有更高的环境关注度。[①] 这一发现符合"环境库兹涅茨曲线"的概念,该曲线认为环境问题以及环境质量随着社会变得越来越多而增加。

根据世界发展指标,每年7月1日,根据上一年人均国民总收入(GNI)估算对世界经济进行分析。截至2016年7月1日,低收入经济体定义为使用世界银行地图集方法计算的人均国民总收入在2015年为1025美元或更少;较低的中等收入经济体是人均国民总收入在1026美元至4035美元之间的经济体;中高收入经济体是人均国民总收入在4036美元至12475美元之间的经济体;高收入经济体是人均国民总收入为12476美元或以上的经济体。最新的人均国民总收入估计数也被用作世界银行决定贷款资格的业务准则的投入。至于成为IOPC基金成员国相关的财务负担,没有具体的标准来判断财务负担是否很高。但是,应该指出的是,在IOPC基金成员国中,任何超过150000吨的捐赠油总量的人都需要向IOPC基金支付年度捐款。

通过以上分析,我们可以根据影响因素和国家对国际油污损害赔偿制度的接受程度,发现高接受程度的国家分为三种类型。

这三类国家对油轮油污染国际油污损害赔偿制度的接受程度很高,表明它们为受害者和海洋环境提供了高水平的保护。这些国家类型是:

(1)面临中等石油泄漏风险,原油和燃料油运输受限的中高收入国家;

(2)面临高风险石油泄漏,原油和燃料油运输量有限的中高收入或高收入国家;

(3)面临高风险石油泄漏,并接收大量原油和燃料油的中高收入国家。

对于所有这三种模式,它们的经济发展是导致高接受程度的一个重要因素,因为经济强劲的国家通常有更好的环境保护战略和更强的补偿能力,以便能够批准更多的环境条约,以保护受害者和海洋环境。就前两种类型而言,加入1992年《基金公约》是有利的,特别是对于那些面临潜在高风险却收到有限的原油和燃料油运输的国家。这是因为IOPC基金可以为受害者提供大量补充赔偿,而不会给本国内进口石油资源带来沉重的经济负担。然而,值得注意的是,大多数面临潜在高度漏油风险的中高收入国家批准了1992年《基金公约》或2003年《补充基金公约》,尽管与之相关的财政负担沉重。换句话说,就中高收入国家而言,采用1992年《基金公约》的主要决定因素不是国内石油工

① Axel Franzen and Reto Meyer, Environmental Attitudes in Cross-National Perspective: A Multilevel Analysis of the ISSP 1993 and 2000, *European Sociological Review*, 2010, No.26, pp.219-234.

业的财政负担是否沉重，而是油轮油污染的潜在风险是否存在很严重的泄漏事件。这可能是因为加入 1992 年《基金公约》无疑是一种应对重大石油污染事件高风险的明智方法，可能会弥补油污损害事故带来的巨大的经济和环境损失。

对于所有三种高水平模式，其经济发展是导致高接受程度的重要因素，因为经济强劲的国家通常有更好的环境保护战略和更强的补偿能力，通过批准更多的环境条约，以便更好地保护受害者和海洋环境。就前两种类型而言，加入 1992 年《基金公约》是有利的，特别是对于那些面临潜在高风险却收到有限的原油和燃料油运输的国家。

这是因为 IOPC 基金可以为受害者提供大量补充赔偿，而不会给本国内进口石油资源带来沉重的经济负担。然而，值得注意的是，大多数面临潜在高度漏油风险的中高收入国家批准了 1992 年《基金公约》或 2003 年《补充基金公约》，尽管与之相关的财政负担沉重。换句话说，就中高收入国家而言，采用 1992 年《基金公约》的主要决定因素不是国内石油工业的财政负担是否沉重，而是油轮油污染的潜在风险是否存在泄漏事件很严重。这可能是因为加入 1992 年《基金公约》无疑是一种应对高风险的重大石油污染事件的明智方法，避免油污事件可能导致的巨大经济和环境损失。

对于韩国而言，面临潜在高度漏油风险的中高收入或高收入国家的类型批准了 1992 年《基金公约》或 2003 年《补充基金公约》，尽管与之相关的财政负担沉重。但这些国家选择加入，更多的是考虑油污风险，而非沉重的财政负担。

然而，由于中高收入，漏油事件的高风险以及潜在的高财政负担，中国只加入了 1992 年《民事责任公约》和《燃油公约》，并没有加入 1992 年《基金公约》（目前只有香港特别行政区加入），也未加入 2003 年《补充基金公约》。导致中国不愿参加 1992 年《基金公约》的原因是什么？中国的国内立法，是否比其他国家，诸如韩国的船舶油污赔偿的法律制度更完善；是否为受害者提供了更强有力的保护？为了寻求这些问题的答案，我们将在本书的下面章节中全面研究中国和韩国的船舶油污赔偿的法律制度。

第三章　中国船舶油污损害
赔偿法律现状

中国没有专门的油污法,但是,为了消除、减少和避免船舶油类污染损害,中国防止船舶油污损害的相关法律一直在不断地完善。不仅在宪法中,将保护环境防治污染作为基本方针,还通过民法对油污损害赔偿制度的内容作了相关的规定。2016 年 7 月 3 日,为指导和规范船舶油污损害赔偿基金的索赔和理赔工作,根据《船舶油污损害赔偿基金征收使用管理办法实施细则》的规定,经中国船舶油污损害赔偿基金管理委员会第二次会议审议通过,《船舶油污损害赔偿基金理赔导则》(试行版)和《船舶油污损害赔偿基金索赔指南》(试行版)予以公布,自公布之日起施行。2018 年 8 月 2 日经中国船舶油污损害赔偿基金管理委员会第四次会议审议通过,《船舶油污损害赔偿基金理赔导则》(2018 年修订版)和《船舶油污损害赔偿基金索赔指南》(2018 年修订版)予以公布,并于公布之日起施行。这将更有助于油类受害者明确提出合理的要求。从这些法律文件可以看出,中国油污损害赔偿制度也在不断完善,尤其是船舶油污损害赔偿基金制度。但是目前中国的《海商法》中,并没有对船舶油污损害赔偿的单独规定,《司法解释》在很多情况下无法解决实践中的问题,中国目前船舶油污损害赔偿法律仍然存在很多问题。

第一节　中国沿海油污损害状况

2018 年 1 月 6 日 20 时许,巴拿马籍油船"桑吉"轮与香港籍散货船"长峰水晶"轮在长江口以东约 160 海里处发生碰撞。"桑吉"轮则全船起火燃烧,船员失联。"桑吉"轮装载有约 13.6 万吨凝析油,持续泄漏、燃烧爆炸。1 月 15 日上午 10 时左右,"桑吉"轮海面大火熄灭,但沉船后的海面溢油面积较沉船前增加数倍,出现一条长约 10 海里,宽 1～4 海里的油污带。2 月 20 日 8 时,国家海洋局巡视船舶在沉船点西北约 0.5 公里处仍发现零星冒油现象。此次撞船事件造成的凝析油泄漏,将给东海的海洋生态带来严重的影响。此次事故使一些海洋生物的生存环境恐将面临威胁。在此次东海油船碰撞事故之前,发生在中国海域、影响巨大的撞船溢油事故,是 2002 年天津海域的马耳他籍"塔斯曼海号"油轮与中国沿海船舶"顺凯 1 号"碰撞事故。作为中国近海常见的重要环境灾害之一,海洋溢油事故在过去几十年中未曾停歇。国家海洋局统计称,中国沿海地区平均每 4 天发生 1 起溢油事故。仅 1998 年至 2008年间,中国管辖海域就发生了 733 起船舶污染事故。① 此外,随着越来越多的单壳船和低质量油轮在中国沿海航行,而中国油轮的技术条件、船员配置和通信系统远远低于国际标准,因此,在这样的规模和条件下,船舶不可避免地会导致沿海水域出现越来越多的石油污染事件。下面列出一些比较大型的油污泄漏事件。

表 3-1　近年来中国沿海大型船舶漏油污染损害事件

年份	船舶漏油污染损害事件
1983	1983 年 11 月 25 日,船长 207 米的巴拿马籍"东方大使"油轮在青岛港黄岛油区装载 43000 多吨原油出港途中,行驶到中沙礁搁浅,导致货舱受损,漏出原油 3343 吨。溢油在港内油层最厚处达半米以上,溢油影响了胶州湾及其附近长达 230 公里海域岸线,同时对附近 15000 余亩的水产养殖区及 90 万平方米的风景旅游区和海滨浴场造成严重污染,经济损失达数千万元,损害赔偿 1775 万元,虽然政府组织大量人力物力进行清污,但其影响仍长期难以消除。
1999	1999 年 3 月 24 日,福建省厦门港油轮"闽燃供 2 号"装载重油 1032 吨与"东海 209 号"轮(船长 99 米),在珠江口伶仃水道发生碰撞,"闽燃供 2 号"船体受损后座底沉没,溢出重油 589.7 吨,珠海、深圳、中山、金星门、淇澳岛等 300 多平方公里海域及 55 公里海岸线遭到污染。受污染沙滩上的油污平均厚度达 10 多厘米,部分地区达 20～30 厘米。珠海市著名的旅游风景区、海滨浴场、情侣北路岸线,到处沾满油污。香洲、淇澳岛 19 万亩养殖场被严重污染,淇澳岛上 70 公顷珍稀植物——红树林被污染,生态环境遭到严重破坏。尽管当地政府组织 2000 多人、调用大量设备清污 20 多天,但部分污染依然难以清除,溢油事故给当地造成直接经济损失 4000 多万元。

① 《中国沿海平均每 4 天发生 1 起漏油事故》,http://energy.people.com.cn/GB/12251729.html,下载日期:2018 年 10 月 2 日。

续表

年份	船舶漏油污染损害事件
2002	油轮"塔斯曼海号"在天津港入口处发生碰撞,泄漏了约 350 吨原油。大部分石油都流入渤海湾并迅速乳化。虽然事件相对较小并且对海岸线没有显著的影响,但是对渔业造成了很大的损失,法院处理了大量渔业索赔。①
2004	2004 年 12 月 7 日,船长为 182 米的巴拿马籍集装箱船"现代促进"轮由深圳盐田港驶往新加坡途中,与由深圳赤湾驶往上海的船长为 300 米的德国籍集装箱船"地中海伊伦娜"轮发生碰撞,"地中海伊伦娜"轮燃油舱破损,导致 1200 多吨船舶燃料油溢出,在海上形成一条长 9 海里(约 16.5 公里)的油带,成为我国船舶碰撞最大的一次溢油事故,造成珠江口海域污染,全部损失达 6800 万元。
2005	2005 年 4 月 3 日 10:38 时,葡萄牙籍油轮"阿提哥"满载近 12 万吨原油在驶进大连新港码头途中于险礁附近海域触礁搁浅并发生溢油事故。浮在海面的原油顺风漂向大连开发区沿海 6 个乡镇、街道几十公里的海岸线,共 220 平方公里的养殖海域被原油污染。
2009	空载集装箱船"AGIOS DIMITRIOS 1"在广东省珠海附近接地后溢出约 600 吨船用燃料,严重影响了附近的牡蛎养殖场。
2009	"ZOORIK 号"货船在长江口接地后泄漏了约 500 吨船用燃料,影响了附近的海水养殖。
2009	散货船"AFFLATUS",溢出约 800 吨的重油(Heavy Fuel Oil,以下简称 HFO)。
2010	在大连东北港的油轮卸货作业期间,一条管道爆炸,导致大火,大约 1500 吨原油泄漏到海中。
2012	普通货船"MAXIMA"在上海发生碰撞,造成约 100 吨 HFO 损失。
2012	2012 年 12 月 31 日,一艘名叫"山宏 12 轮"的内河小油船在长江常熟段沉没,船上所装的回收废油溢出,沿长江扩散至下游的上海崇明岛,造成崇明岛绿华地段滩涂污染。

---

① 《"塔斯曼海号"油船污染渤海生态环境一审判决》,http://gb.cri.cn/3821/2004/12/31/1329@408867.htm,下载日期:2016 年 5 月 10 日。

续表

年份	船舶漏油污染损害事件
2013	在上海以东约 100 海里处发生撞船事件，涉及散货船"CMA CGM FLOR-IDA"，导致估计 590 吨中间燃料油（Intermediate Fuel Oil，以下简称 IFO）进入东海。
2018	东海船舶碰撞油污事故船只——"桑吉"轮，装载的 13.6 万吨凝析油和 1000 吨作为燃油的柴油泄漏，造成了严重的污染。

从表 3-1 中可以看出，虽然有些油污泄漏并非全是油轮造成的，但从一定程度上说明中国油污泄漏状况，比较严重的而且原油泄漏给我国附近海域造成了严重的污染。其中造成的渔业损失和生态环境损失更是无法估量。随着中国经济的发展，石油进口量不断加大，大型油轮的发展，使得一旦发生油污泄漏事故，将会造成重大的损失。至今，中国的油污损害应对与事后赔偿机制尚不够成熟。按照中国《海洋环境保护法》规定，对破坏海洋生态、海洋水产资源、海洋保护区，给国家造成重大损失的，由依照该法规定行使海洋环境监督管理权的部门代表国家对责任者提出损害赔偿要求。实际上，该法律失于笼统，缺少具体执行标准和配套实施细则，在现实执行中仍有无法可依的尴尬。在国际上，海洋溢油事故的赔偿金额往往是天文数字。这是因为，不仅需要对利益相关方的经济损失进行赔偿，更需要对海洋环境的长期生态损失进行赔偿。目前，在中国进入司法程序的重要海洋溢油案件，肇事方几乎都是外籍货轮。其中，马耳他籍"塔斯曼海号"溢油案件是中国首例涉外海洋生态侵权损害民事索赔案件。"现代促进"轮与"地中海伊伦娜"轮及保赔协会在广州海事法院的主持下，于 2006 年 8 月同意支付 850 万美元，各方达成和解。至 2009 年，葡萄牙籍"阿提哥"与养殖企业和个体户陆续达成和解，但由大连市海洋与渔业局代表国家提出的海洋生态损害赔偿诉讼，一直持续到 2015 年。

第二节　中国船舶油污损害赔偿法律状态

虽然中国现有的法律中对船舶油污损害的民事责任和赔偿都有相关的规定，但是中国没有具体的油污法。其相关的规定分散于《民法通则》《海商法》《海洋环境保护法》《防治船舶污染海洋环境管理条例》《侵权法》等法律法规中。

在国际公约方面,中国于 1980 年 1 月 30 日加入了 1969 年《民事责任公约》和其 1976 年议定书,并于 1980 年 4 月 29 日生效。1992 年的最新议定书《民事责任公约》于 2000 年 1 月 5 日在中国生效。

中国 2008 年 12 月 9 日批准了《燃油公约》,并于 2009 年 3 月 9 日生效。此外,还通过了《船舶油污损害赔偿基金索赔指南》和《船舶油污赔偿基金理赔导则》,并于 2018 年 8 月进行修订后予以公布。

在中国,从法律方面为船舶油污损害制定了很多法律法规,并在不断完善中,2019 年也将船舶污染损害作为一个重要的主题,提上修改日程。但目前,中国的法律仍存在很大的问题,给司法实践造成了很大的不便,亟须尽快完善。

第三节　　中国船舶油污损害赔偿法律问题

一、船舶油污损害赔偿的主体

1. 责任主体

船舶油污损害赔偿中的赔偿责任主体具有特殊性。油污损害赔偿的责任主体涉及船舶所有人以及包括基金和补充基金在内的第二层、第三层责任人。在申请责任限制制度以及保险制度方面对于责任主体的确定非常必要。在船舶碰撞导致的多方责任下,如何确定责任主体,如何进行赔偿又成为重中之重。

我国虽然通过了一系列关于油污损害赔偿的相关法律法规,但在赔偿责任限制、法律适用等问题上仍然存在很大的问题。而且,因为船舶的不同、船舶燃烧和载运的油类的差别、污染损害的方式和程度的差异以及船舶碰撞造成的损害区分的不同,责任承担的主体也有所变化。我国目前对此并没有详细的规定。

与国际公约和国外立法相比,我国在对于油污损害责任主体的规定上,总体比较滞后,尤其是很多规定比较模糊,在实践中法律适用较混乱。尤其是不同的法律法规规定的责任主体的差异,使得在法律适用上带来很大的困难,出现了不少问题。

首先,是法律规定不明确问题。1969 年《民事责任公约》和 1992 年《民事责任公约》都将船舶所有人规定为船舶油污损害赔偿的唯一责任人。但是在我国法律中规定并不明确,尤其是在我国《海商法》第 21 条中规定赔偿责任主体主要包括:船舶所有人、光船承租人和船舶经营人等。将船舶的管理人员排除在外,出现了船舶经营人的概念。目前学术界和实践中对这个词的理解有很大的不同。著名学者李海教授在其相关专著中表示,船舶经营人实际上可以和船舶所有人成为一体,与此同时船舶经营人其实也有可能成为光船租赁人。这一切的标准在于,他是否拥有船舶并从中获益且对外承担所有人的责任。① 针对这一问题,郭瑜教授却有不同的观点,他认为船舶经营人本身没有船舶所有权,其仅仅是船舶所有权人的一个授权人。② 也有其他学者认为"船舶经营人"在实践中有多种属性,其中也包含技术上的经营人和商业上的经营人。③ 相应的,在《最高人民法院关于审理船舶碰撞纠纷案件若干问题的规定》第 4 条中有所说明,在船舶发生碰撞时的责任主体是船舶所有人,在光船租赁期间船舶油污损害赔偿的责任应由承租人承担且船舶的承租人必须经过法定程序登记。这实际上是从侧面将船舶所有人和船舶承租人区分开来,但是这样的规定并不能解决如下问题:船舶经营人究竟包含哪些主体? 究竟如何划分船舶所有人和船舶经营人?

对于船舶油污损害赔偿的第三方(即船舶责任保证方)在诉讼中的地位以及承担的赔偿形式等规定并不明确,在实际审判中容易造成审判标准不一的问题,相关权利主体会产生争议。尤其是在船舶碰撞中,如果一方漏油,另一方无漏油,其中非漏油方是否应该成为责任主体的问题规定还不明确。因为在我国《海事诉讼法》中只规定,受害人可以向船舶所有人索赔,也可以向船舶责任保险人或者财务保证人索赔。这样的规定使得船舶油污损害赔偿责任主体的范围不明确,对于实践的指导有限。

其次,是法律适用问题。主要包括:第一,对国际公约适用混乱。在 1999 年广州海事法院审理的"闽燃供 2 号"油污一案中,根据 1969 年《民事责任公约》第 1 条和第 2 条以及第 208 条关于国际公约适用的规定,该案适用了 1969 年《民事责任公约》,但是,根据此案中对于根据 1969 年《民事责任公约》中将船舶所有人确定为油污损害事故的民事责任主体,并根据公约来进行免责。但是因为该案并不具有涉外因素却适用国际公约的这种处理方式,对于

---

① 李海:《船舶物权之研究》,法律出版社 2002 年版,第 81 页。

② 郭瑜:《海商法的精神——中国的实践和理论》,北京大学出版社 2005 年版,第 56 页。

③ 杨安山:《船舶经营人研究》,上海海事大学 2006 年硕士学位论文。

责任主体以及法律适用造成了如下问题：

（1）非涉外因素案例是否适用国际公约。

（2）在非涉外相关案件中，当船舶所有人引用国际公约中的责任限制时，才能与我国的法律规定相冲突。

（3）非涉外相关案件中的船舶是否已投保或获得了财务保证。

（4）由于我国大陆并没有加入《基金公约》，所以在此类案件中援引《基金公约》的相关规定时就变成了无法可依，使得受害人缺乏了第二层保护机制。在船舶碰撞造成的油污损害中，因为船舶的性质以及漏油的种类不同，适用的法律的差异，该如何适用也是一个问题。

第二，对国内一般民事侵权法律规定适用混乱。当因船舶的吨位以及航线等问题，使得船舶不能适用国际公约，再加上船舶造成的油污损害并不属于侵权的情况下，就不能依据国际公约或者《海商法》的规定，而应当依据《民法通则》《侵权责任法》等法律中的相关规定。这些法律中对于责任主体的认定并不明确，而且我国法律中对于在船舶油污损害中，船舶的定义也不明确，这就使得责任主体更加模糊。如何解释"污染人""责任人"，各方理解的角度不同会产生争议，还需要进行明确的规定。在船舶碰撞导致的多方责任主体的情形下，根据《侵权责任法》第 67 条的规定，我国法律界将其解读为："本条是关于数个污染者对环境污染竞合侵权情形下承担按份责任的规定。"但是在实践中，船舶碰撞中的船舶所有人按份承担责任中并没有明确的规定。尤其是在无法分清责任的情况下，这种责任标准问题，还有待考量。

第三，适用海商法时对责任主体规定的问题。我国海商法中并没有对船舶油污损害责任主体的具体规定，如果《海商法》中没有规定，那么需要按照《侵权责任法》《海洋环境保护法》的相关规定，仍然存在上文中所指的责任人不明确的问题。但是在《海商法》中，又可以对一般海事侵权的责任限制制度进行援引。这就使得海事赔偿限制的额度以及造成的损失等缺乏相应完善的法律制度予以保障。在船舶碰撞造成的多方责任的情况下，《海商法》第 169 条第 3 款的适用性存在很大的争议，在实践中也造成了很多问题。

总之，目前在国际油污损害赔偿制度中，将船舶所有人作为单一的责任主体是大势所趋。这具有一定的合理性。在一定程度上可以避免重复保险和多重诉讼。

但是我国现行法律中对于油污损害赔偿中的责任主体并没有作出明确的规定，不同法律规定的责任主体也不尽相同。并且对于同一法律，因为角度不同，概念模糊，得出的结论也有差异，而且由于法律适用的不同，在处理案件中产生了多样化的依据。民事责任主体的承担与责任形式存在着差异,在免责事项以及责任限制中也存在很大的差异。最大的表现就是我国已经加入的国际公约与我国海商法中在处理责任主体的责任限制制度中的应用差异,因为责任限额的不同,使得赔偿具有很大的差异。责任主体对于责任限额内的赔付,无法承担相应的赔偿责任时,保险和相应的财务保证人理应成为受害人的保障。但是我国法律中也并没有相对应的法律具体规定。这就使得受害人无法获得相应的赔偿。

2. 索赔主体

船舶溢油造成海洋环境污染,船东面临的索赔方可能会包括养殖户、捕捞户、旅游单位、海事行政部门、海洋行政部门、渔业行政部门等。船舶油污损害赔偿最近的一次案件,2015 年大连海事法院处理的"阿提哥"轮溢油污染案件(下称"阿提哥轮油污案")中,船东和保赔协会即遭遇了上百名索赔人的索赔。其中海洋行政部门提起的海洋生态资源损害索赔,经大连海事法院和辽宁高院两审法院判决支持了监测评估费索赔,其余索赔项目被驳回。海洋行政部门向最高人民法院申请再审,最高人民法院经审查后,裁定驳回再审申请。该案在索赔主体、损害赔偿范围、责任形式等方面都有很多需要明确之处。

在"阿提哥轮油污案"中,一审判决对该问题的意见是,《海洋环境保护法》第 5 条中赋予海事行政部门的监督管理权,并未排除海洋行政部门针对其所管辖的海域代表国家提出索赔的权利。① 该案二审判决则进一步明确了海洋行政部门所提起诉讼的性质为公益诉讼,因此在依据《海洋环境保护法》第 90 条之规定的基础上,援引《民事诉讼法》第 55 条关于国家机关和有关组织可以提起公益诉讼的规定,认定海洋行政部门是有权代表国家提起索赔的国家机关,具有提起公益诉讼的主体资格。②

不同法院对该主体问题采取了不同的意见,因此就出现了法律规定的问题,即《海洋环境保护法》第 90 条的规定是否排除了社会组织提起公益诉讼的权利,其与《环境保护法》第 58 条究竟属于不一致的规定,还是相互补充的规定;如果二者确实存在不一致,究竟是特别规定优于一般规定,还是新的规定优于旧的规定。

另外,对于各主体分别在不同案件中提起公益诉讼的做法,是否符合法律的规定,也没有详细的规定。例如在"阿提哥轮油污案"中,除了海洋行政部门

---

① 大连海事法院(2005)大海事外初字第 120 号民事判决书。
② 辽宁省高级人民法院(2013)辽民三终字第 00146 号民事判决书。

针对海洋生态资源损失提起诉讼外,渔业行政部门针对海洋渔业资源损失也提起了诉讼。如果针对同一侵权行为存在多个公益诉讼,各诉讼认定的事实及其他一些情形难免会存在不一致的情况,这将导致判决结果根本无法得到直接援引,致使公益诉讼体系下的相关规定无法得到贯彻。

在现有的法律体系下,对有权提起公益诉讼的主体在另一公益诉讼进行阶段另案起诉的权利方面的相关规定,仍有不明确之处。另外,如果不同主体针对同一种损失提起公益诉讼,例如海事行政部门和海洋行政部门都针对海洋生态资源损失提起公益诉讼,法院是将其作为共同原告进行审理,还是仅允许先提起诉讼的主体作为原告,而对后面因同一诉请提起的加入诉讼申请不予准许,今后仍有待在司法实践中予以澄清。

二、赔偿范围

船舶油污损害赔偿范围,是指海洋环境因船舶溢出或排出的油类,燃料及其他物质造成污染后,受害人可以向污染负责人索赔的赔偿范围。①

它包括以下级别:

(1)适用的船舶和油;

(2)适用区域;

(3)赔偿范围以及如何计算这些赔偿的损失。

根据中国现行法律法规,并没有明确地规定船舶油污损害赔偿范围,尤其是针对生态环境污染损害,纯经济损害相关问题,在实践中缺乏法律依据。

1.适用的船舶

我国法律法规对船舶并无统一的定义。《海洋环境保护法》在第八章对船舶及有关作业活动所造成的海洋环境污染有明确的规定,但第95条定义条款并未对"船舶"的概念进行界定。在我国船舶行政管理类法律法规中,一般以列举的方式将移动式钻井平台归入"船舶"的范畴。例如《海上交通安全法》第50条、《船舶和海上设施检验条例》第29条都为"定义条款",将"船舶"定义为各类船、筏、水上飞机、潜水器以及移动式平台。在我国涉及船舶油污损害的民事法律法规中,《海商法》第3条对"船舶"的定义是"海船和其他海上移动式装置",有三种类型的船舶被排除在定义之外:第一类是军事船舶,第二类是政府公务船舶,第三类为20总吨以下的小型船艇。《司法解释》第31条第1款明确规定了"船舶"是指海船和其他海上移动式装置,其中包括航行于国际航

---

①　司玉琢:《海商法专题研究》,大连海事大学出版社2002年版,第410页。

线和国内航线的船舶,但不包括军事或政府公务船舶,并将"油轮"定义为实际装载散装持久性货油的船舶,"非油轮"则指除油轮以外的其他海船。《司法解释》所规定的船舶与1992年《民事责任公约》和《燃油公约》对"船舶"的定义相一致,且未排除20总吨以下的小型船艇,体现了与国际公约相接轨的精神。《海商法》以及最高人民法院的司法解释都提到了"海上移动式装置",而对于"海上移动装置"的解释,学界尚未形成统一的看法。最高人民法院在修改《海商法》的征求意见稿中进一步列举了"海上移动式装置"包括处于浮动中的钻井平台、气垫船、水上飞机等。我国"蓬莱19-3油田溢油事故"[①]中自升式钻井平台由于并不具有自航能力,非《海商法》以及《司法解释》定义下的"船舶",因此"蓬莱19-3油田溢油事故"在我国油污损害民事赔偿方面无法可依。由此,结合国内法律规定及司法解释,我国船舶油污损害事故所涉及的"船舶"包括具有自航能力的钻井平台,仅指向非用于军事或者政府公务的海船和其他具有自航能力的海上移动式装置。

2.船舶油污

由于在船舶油污损害领域中并不存在统一的"船舶油污"概念,随着该理论与实践的不断深化,在未来可能发展成为涵盖在一个独立的责任体系下予以调整,或是延续现行按门类的立法体系加以规制。根据公约对于"油类"的不同定义及油类物质的装载方式的不同,主要包括船载持久性油类、船舶燃油污染和船载非持久性油类污染三种。

我国由于各个法律法规适用的范围不同,对"油类"的定义也并不相同。《海洋环境保护法》作为海洋环境管理类的上位法,对"油类物质"的范围规定得较为广泛,并不区别持久性及非持久性油类,其包括动物油以及植物油在内的所有油类。《防治船舶污染海洋环境管理条例》在第七章"船舶污染事故损害赔偿"中进一步将"持久性油类"限定为任何持久性烃类矿物油,但该条例中未提及非持久性油类以及燃油泄漏造成的问题,并未全面地将"油类物质"这个定义解释清楚。针对上述疏漏,我国《船舶油污损害赔偿司法解释》对"油

①　2011年6月11日"蓬莱19-3油田溢油事故"B、C平台附近10日再次出现油带,其中C平台仍有少量油花溢出。2011年6月11日16时可以清晰地看到一条千米以上的油带浮在海面上。5艘红色和蓝色的消油船围绕在C平台周围,船边的吸油拖缆和吸油毡在不停地进行消油工作。2011年8月24日,康菲石油公司就渤海湾漏油事件在北京召开媒体发布会,康菲石油(中国)有限公司总裁司徒瑞在发布会上向公众道歉,表示将对溢油事件负责。2011年8月31日,是国家海洋局要求康菲石油(中国)有限公司实现"两个彻底"(即彻底排查溢油风险点、彻底封堵溢油源)的最后期限。

类"的定义基本包括国际公约的内容,解决了我国在船舶油类污染责任适用的"油类"无明确定义的尴尬局面。

《司法解释》所适用的油类仅限于国际公约中规定的三种烃类矿物油类及其残余物,主要包括油轮装载持久性油类,油轮装载的非持久性燃油以及非油轮装载的燃油,其中第一种是 1992 年《民事责任公约》规定的油类,后两种是《燃油公约》规定的油类。我国也尚未制定有关船载有毒有害物质污染损害的法律法规,对于那些非持久性油类所造成的损害如何赔偿,立法尚未明确。2010 年交通运输部发布的《船舶油污损害民事责任保险实施办法》首次完整地将"油类""持久性油类""非持久性油类"进行了明确的定义,对"持久性油类"的定义方法与 1992 年《民事责任公约》的界定方式基本一致,并用排除的方式指明了持久性油类以外的任何油类为"非持久性油类"。时隔两年之后,2012 年,财政部、交通运输部联合发布了《船舶油污损害赔偿基金征收使用管理办法》,该办法明确了我国开始征收并予以赔付船舶油污损害赔偿基金,对于哪些油类需征收基金,哪些油类所造成的损害可获得基金赔偿是其中的核心问题。[①] 该办法规定在我国管辖水域内接收从海上运输持久性油类物质的货物所有人或其代理人应缴纳船舶油污损害赔偿基金,但船舶油污损害赔偿基金用于油污损害及相关费用的赔偿、补偿,即船舶油污基金的赔偿并不区分持久性或非持久性油类所造成的污染损害。该办法似乎回避了对三类"油类物质"进行细化的界定,由此也造成了行政法规的适用不明。在实践中,中国海事局作为征收油污基金主管部门实际按照 2012 年 6 月 27 日发布《关于征求持久性烃类矿物油包含油品意见的通知》进行征收。纵观上述法律法规,我国已在国际公约的基础上对"油类物质"进行了相关的界定,并对不同定义下各类油类物质的损害赔偿作了初步规定。

但接下来的立法中仍需解决的问题如下:第一,自 2012 年 7 月至今,我国实际上已按照《关于征求持久性烃类矿物油包含油品意见的通知》征收油污基金,但以上述内部通知征收油污基金是否严谨,以及油品归类区分是按何种科学方法实验得出,至今没有一个明确的说法。笔者在此建议中国海事局通过规范性文件对该通知进行确认,同时说明油品分类方法。第二,《船舶油污损害赔偿司法解释》明确排除"非持久性油类"造成损害的赔偿,而《船舶油污损害赔偿基金征收使用管理办法》又包括了"非持久性油类"造成损害的赔偿。

---

① 冯寿杰、余晓汉:《〈关于审理船舶油污损害赔偿纠纷案件若干问题的规定〉的理解与适用》,载《人民司法》2011 年第 17 期。

两者立法的矛盾之处在于非法院认可的"非持久性油类"能否在油污基金中获得赔偿的问题。建议海事管理机构与海事法院在实际操作中对该问题进行明确。

3.中国法律对"油污损害"的定义

中国关于船舶油污损害责任方面的法律尚不健全,造成了法律适用上的混乱局面。鉴于《海洋环境保护法》对一些最基本的概念没有区分界定,而导致实践中出现了"海洋环境"与"海洋生态"的混同,"海洋环境污染损害"与"海洋生态损害"之间偷换概念等问题。笔者认为,厘清基本概念将有助于中国理解相关国际公约,并实现国际与国内法间相互对接的基本条件。《海洋环境保护法》第三章"海洋生态保护"与第八章"防治船舶及有关作业活动对海洋环境的污染损害"中提到了"海洋生态"与"海洋环境"两个概念,由于法律未对这两个概念进行区分,因而在船舶油污损害责任制度的研究中,出现了大量将两者等同混用的情况,船舶油污损害究竟造成的是环境损害还是生态损害始终辨析不清。此外,《海洋环境保护法》第 95 条第 1 款又出现了"海洋环境污染损害"的概念,该条规定:"海洋环境污染损害是指直接或者间接地把物质或者能量引入海洋环境,产生损害海洋生物资源、危害人体健康、妨害渔业和海上其他合法活动、损害海水使用素质和减弱环境质量等有害影响。"《海洋环境保护法》所定义的"海洋环境污染损害"与《联合国海洋法公约》第 1 条定义的"海洋环境污染"一词相同,却使用了 1969 年《民事责任公约》中"污染损害"的概念。中国《海洋环境保护法》的定义方法不但与 1992 年《民事责任公约》等国际公约中通常采用的"污染损害"这一专门术语的含义不协调,而且非常容易造成理解混乱。中国《海洋环境保护法》第 90 条虽然对如何赔偿油污损害作了原则性的规定,但是未对"损失"进行定义。此外,该法第 91 条出现了"直接损失"这一概念,对于造成海洋环境污染事故的单位可按照"直接损失"的 30% 计算罚款,但最高不得超过 30 万元。

2011 年交通运输部颁布《中华人民共和国海上船舶污染事故调查处理规定》,第 32 条对造成海洋环境污染事故的单位行政责任进行了细化,明确了"直接经济损失"的定义及具体分类。通过对比,中国"直接经济损失"的定义源自 1992 年《民事责任公约》对"油污损害"的定义,并且行政规章中明确定义"直接经济损失"并不必然适用于船舶溢油事故的民事责任。

有鉴于中国《海商法》等民事法律法规均未明确界定何谓"污染损害",目前的审判依据仅可依据《最高人民法院关于审理船舶油污染赔偿争议案件若干问题的规定》加以判定,第 9 条规定的"油污损害"界定主要参照 1992 年《民事责任公约》和《燃油公约》的定义方法,在一定程度上填补了中国船舶"油污损害"定义不清的空白。

4.赔偿范围

在《司法解释》的基础上,油污损害赔偿范围可分为以下领域:

(1)为防止或者减轻船舶油污损害的费用;

(2)采取预防措施的额外损失;

(3)生命损失或预防措施,以防止或减少油污事故造成的船舶油污人身伤害;

(4)船舶油污损害造成的财产损失;

(5)油污造成的环境损害;

(6)财产损失和环境损失进一步造成的收入损失;

(7)采取和将要采取合理的恢复措施的费用。

损害赔偿领域的这七个分类可以根据国际公约批准和确认的项目进行划分。但是,具体而言,国际油污公约和外国船舶油污损害立法中提到的生命损失和人身伤害定义是不同的。此外,中国的司法解释列出了油污损害赔偿范围内船舶油污事故造成的人员伤亡和人身伤害的损失计算。

①油污清理损失

1969 年《民事责任公约》和 1992 年《民事责任公约》中,油污污染损害的费用和采取预防措施的额外损失都包括在内。这与中国船舶油污染风险的增加形成了鲜明的对比。与国际惯例相比,中国的油污清理方法和中国的油污污染补偿制度仍然不发达。最明显的例子是既没有专业的油污清理设备,也没有专业的油污清理组织。因此,过去几年中国大部分油污事故没有得到有效的清理。由于中国缺乏有效的油污清理方法,最直接的影响是油污污染造成的环境破坏越来越多,经济损失也越来越大。

②水产养殖和渔业的损失

水产养殖和渔业的损失包括水产养殖和渔业的直接损失以及污染造成的渔业资源的中期和长期损失,例如水产养殖区和渔业区的鱼类、虾类、贝类等的死亡或减少捕捞量,海洋自然保护区和海洋生物海洋保护区内海洋生物的死亡或减少。关于直接问题的赔偿问题没有太多的争议,但对渔业资源中长期损失的索赔却一直备受争议。在中国的法理学话语和司法实践中,任何对中国水域船舶油污造成的渔业资源中长期损失的赔偿要求总是存在争议。这方面有两种相反的观点,其中之一是船舶油污造成的渔业资源中长期损失与油污损害赔偿范围有关,另一种恰恰相反。

　　笔者认为,如果此类补偿的索赔得到充分证据支持且合理,则应赔偿中国水域中发生的船舶油污造成的渔业资源中长期损失;但困难在于难以达成一个固定的标准来确定所有人都同意的这种主张的合理性。

　　在弥补上述中长期损失时,关键是要确定这种损失的存在和价值,这些损失通常是预期的,而不是现有的或现有的。这种损失既不是可定义的,也不是可量化的。此外,对于提出的中期和长期损失的大部分赔偿要求,从来没有足够的事实证据。

　　计算上述中长期损失的主要依据是计算方法。在《渔业污染事故经济损失计算方法》出台以前,主要依据中国农业部(目前已经撤销)于 1996 年 10 月发布的《水域污染事故渔业损失计算方法规定》(以下简称《计算方法规定》,2017 年已失效)。但笔者认为,《计算方法规定》属于部门规章范畴,并不具有普遍的约束力。此外,《计算方法规定》规定的赔偿具有惩罚性质,不符合《民法通则》规定的原则,即侵权人必须赔偿损失或将财产恢复原状。从这些方法得出的结论是通过推理得出的,这种推理不是可定义的、可量化的或可预测的,并且与补偿《民法通则》中确定的实际发生的损失的原则背道而驰。因此,不应将《计算方法规定》用作计算上述中期和长期损失的基础。

　　③陆上和环境损失

　　陆上和环境损失包括沿海动植物死亡,海盐产量减少以及对食品加工和餐饮业、运输和生产部门、海水淡化行业等的不利影响;海洋收入减少;体育、娱乐场所和破坏点的破坏;港口水域和一般工业用水的破坏;海洋开发区和海洋工程作业区域的破坏;等等。

　　在实践中,在具体案件中对于什么样的损失应该得到赔偿产生了更加激烈的争论。其中 2007 年海洋行政部门发布了《海洋溢油生态损害评估技术导则》(系行业标准);2008 年,在《计算方法规定》的基础上,《渔业污染事故经济损失计算方法》(系国家标准)发布实施。这些国家标准和行业标准对海洋生态资源损失和海洋渔业资源损失的计算提供了技术支持。但在船舶油污案中,按照此种技术标准计算出的损失能否当然被认定为"实际采取或将要采取的合理恢复措施的费用"始终无法达成共识。例如,在渔业行政部门就"塔斯曼海"油污案提起的诉讼中,天津高院作出的二审判决认定鱼类的直接死亡属于 1992 年《民事责任公约》所规定的灭失(loss),而渔业资源的中、长期损失属于 1992 年《基金公约》所规定的损害(damage)[①],即该判决虽然支持这两项

---

　　①　天津市高级人民法院(2005)津高民四终字第 45 号民事判决书。

损失索赔,但并未将其认定为实际采取或将要采取的合理恢复措施的费用。[①]

5.污染消除成本

中国水域船舶引起油污损害的污染消除成本主要包括以下几个方面:(a)陆上和海上污染消除作业和财产损失;(b)救济和预防措施;(c)处理可回收物品。

(1)清理困境

在大多数船舶油污污染案例中,没有采取适当的清理措施,即使政府采取了一些措施,由于缺乏足够的财政支持,清理措施也非常低效和不充分。这种情况不变的结果是,船舶油污会向各个方向漂移,并对渔业、养殖业和海洋环境造成不可逆转的破坏。

此外,由于中国船舶油污染赔偿制度的失败,中国水域发生的中小型油污事故清理小组很难获得补偿或者没有得到足够的补偿。因此,它对船舶油污清理产生了重大的影响。

到目前为止,中国还没有建立应急中心来处理大规模的漏油事件,当紧急情况发生时,非专业组织的共同做法是临时组织起来,共同参与政府指挥下的应急系统。

出现上述问题的主要原因是财务问题,在中国石油污染事故处理实践中,清污公司往往处于非常尴尬的境地。诚然,当石油污染发生后,需要立即投入大量的人力和物资进行清理。但此时,事故的责任归属还不确定,谁向清污公司提供资金进行清理成为一个重要问题。在目前的实践中,海事部门会首先联系清污公司进行清理,然后再向事故负责人追讨清污费用。但此时,清污公司并没有收到资金用于清污。因此,海事部门是不是需要向清污公司提供一定形式的补贴?否则在市场经济的体制下,一旦展开清理活动,相关费用将受到事后风险的影响,清污公司一旦实施清污,就需要自筹经费,独立核算。在资金的压力下,相关清理活动和清污的效果等都会受到影响。

(2)污染消除成本的责任归属

中国水域发生船舶漏油事故后,污染通常会被船东(或其他负责油污染的人)本人或其他委托人员清除或清理,或由海事管理部门强制淘汰。对于以前的污染消除案例,污染消除成本是民事责任问题,责任人可以享受有限责任,在中国法学的话语和实践中基本没有争议,但在后来的污染消除案例中关于

---

① 　王伟、祝默泉:《"阿提哥"轮案判决看船舶油污损害赔偿及罚款中的若干问题——兼论〈海洋环境保护法〉修订对航运的冲击》,载《中国海商法研究》2016 年第 27(4)期。

由此产生的污染消除成本是民事责任还是行政责任以及责任人是否可以享有有限责任,存在很大的争议。

对于海事管理部门组织的强制性污染消除所产生的污染消除成本的责任归属,主要有以下两种观点:一种是强制性污染消除产生的污染消除成本是行政责任问题;另一种是强制性污染消除所产生的污染消除成本是民事责任问题。笔者认为,如果由海事管理部门组织强制性污染消除所产生的费用,由于以下原因,责任人应承担民事责任,并在责任范围内承担污染消除费用:

(a)负责人承担强制性污染消除费用的民事责任;

(b)强制性污染消除成本,责任人可享有有限责任;

(c)污染消除成本应优先偿还。

中国水域发生船舶油污事故后,船东(或其他负责油污染的人)本人或其他委托人员发生的污染消除成本没有优先偿还,这是无可争议的。但是,海事管理部门强制性污染消除过程中产生的污染消除成本是否应优先偿还,存在很大的争议。主要观点有两种:一种是强制性污染消除成本应该优先偿还;另一种是相反的观点,不应该优先偿还。笔者看来,强制性污染消除成本应优先偿还,尽管这是民事责任的问题。由于负责人经济困难等原因消除污染损害等原因,污染消除成本无法全部偿还。到目前为止,中国的船舶油污损害赔偿基金赔偿力度还不足,污染消除成本无法通过 COPC-FUND 来偿还。强制性污染消除属于行政执法行为,由此产生的费用当然属于行政责任,因此强制性污染消除成本应优先偿还。[①]

三、责任限制

《海商法》第 208 条第 2 款规定,在其第十一章中关于海事赔偿责任限制所适用的范围不包括我国参加的《国际油污损害民事责任公约》所规定的情形。[②] 根据该条规定,国际航线的船舶适用《国际油污损害民事责任公约》规定的责任限额;至于国内航线的船舶是适用国际公约规定的责任限额,还是适用《海商法》第十一章规定的责任限额,却没有明文规定,这直接导致了司法界在处理国内航线船舶油污案件时适用法律的混乱。在处理无涉外因素的船舶油污染责任限制的案件时,有的法院适用《国际油污损害民事责任公约》,有的

---

① 郭玉坤:《船舶油污损害纯经济损失研究》,大连海事大学 2015 年博士学位论文。

② 徐国平:《船舶油污损害赔偿法律制度研究》,武汉大学 2004 年博士学位论文。

法院适用交通部等部委的《关于不满 300 总吨船舶及沿海运输、沿海作业船舶海事赔偿限额的决定》,因此导致我国海事审判实际上的不统一。

《海洋环境保护法》第 66 条规定,我国对船舶油污损害事故处理依据是船舶油污损害民事赔偿责任制度,责任人为船东和货主,并且要建立专属于船舶油污染的保险和赔偿基金制度。

《海洋环境保护法》只是笼统地提出法律原则,即建立专属于船舶油污染独特的保险赔偿基金制度。但具体的法律规则只是用一句规定带过,并没有实施细则。然而 1999 年通过的《海洋环境保护法》,到目前为止与之配套的关于船舶油污保险、油污损害赔偿基金制度的国务院的具体方法还没有出台。

根据《海事诉讼特别程序法》第 101 条的规定,申请责任限制基金的责任人包括船舶所有人、承租人、经营人、救助人和保险人,并且只有在其设立油污染海事赔偿责任限制基金后,才可以取得责任限制的权利,设立责任限制基金只能在一审判决作出前提出申请。《海事诉讼特别程序法》仅仅规定了申请海事责任限制的程序,并没有对实体的油污染海事赔偿责任限制基金作出规定。因此当海事法院同意船舶所有人设立油污损害的海事赔偿责任限制基金之后,在实体审判中,根据案件的实际情况,也存在撤销当事人的海事赔偿责任限制基金的可能性。

《修订条例》的有效性使从事国内航线的油轮的限制数量发生了重大变化。在修订后的法规颁布之前,《海商法》第 210 条规定的限制金额适用于国内纯粹的油轮污染。但是,根据《海商法》第 210 条的最后一段,总吨位不超过 300 总吨的船舶和中国港口之间从事运输服务的船舶以及从事其他沿海工程的船舶的责任限制。它应由《关于不满 300 总吨船舶及沿海运输、沿海作业船舶海事赔偿限额的规定》监管。

中国《海商法》第十一章规定的责任限制标准参照的是《1976 年海事赔偿责任限制公约》。由于中国参加这个公约,因此,该公约规定的标准应当被视为中国处理非涉外油污损害赔偿案件的最低限。在这个意义上,中国《海商法》第十一章规定的责任限制是适合中国国情的,中国在完善船舶油污损害赔偿制度时,对此标准应当予以坚持。但中国《海商法》只规定了 300 总吨以下的船舶造成的油污案件,即对 300 总吨以下的船舶造成的油污案件适用 1994 年 1 月 1 日交通部制定实施的《关于不满 300 总吨船舶及沿海运输、沿海作业船舶海事赔偿限额的规定》的标准。这样,中国在修改《海商法》以完善中国的船舶油污损害赔偿制度时,就责任限制而言,涉外船舶油污案件适用 1992 年

《民事责任公约》规定的标准；非涉外船舶油污案件中对于超过 300 总吨的，应该根据国际公约重新订立标准。[①]

因此，《关于不满 300 总吨船舶及沿海运输、沿海作业船舶海事赔偿限额的规定》限制量远低于 1992 年《民事责任公约》的限制，适用于从事国内航线的 20 吨以上的油轮的油污。但是，修订后的法规生效后，1992 年《民事责任公约》限制适用于散装运输船舶造成的油污，无论是否从事国际服务。对于运载持久性石油并从事沿海服务的油轮，尤其是小型油轮，这是一个显著的增长。

承载持久性石油作为散装货物的船舶责任的高度限制可能有利于确保对污染受害者的充分补偿和保护中国的海洋环境。但是，这种高限制也可能对中国沿海石油运输业产生重大的影响。中国的大多数沿海石油运输企业规模小、经济能力低，而且大多数沿海油轮都是小而老的。[②] 运营中 80% 的沿海油轮是吨位不超过 1000 吨的小型船舶。[③]

对石油运输船造成沉重负担的责任限制可能会使它们陷入破产。一些学者认为，如此高的责任限制肯定会削弱沿海石油运输业，也会损害整个中国的石油运输业。然而，另一些学者认为，责任限制将有利于中国石油运输业的长期发展。他们认为，如此高的限制将促进中国石油航运业的最佳竞争，并将加快淘汰旧船和购买新油轮，从而加快中国造船业的发展。[④]

通过中国政府批准的《民事责任公约》确定了对船东的责任限制。即使油污损害超过船东的责任，船东也只能在责任限额内承担责任，超出船东责任限制的责任不会通过《民事责任公约》涵盖。根据《民事责任公约》和《基金公约》的趋势，随着经济的发展，船东的责任限制将进一步增加。

[①]　具体数额可参见《海事赔偿责任限额》，https://baike.baidu.com/.

[②]　Qi Chen, On the Application of CLC 92 in China, in *Maritime Pollution Liability and Policy—China, Europe and the US*, eds. Michael G. Faure, Lixin Han and Hongjun Shan, 2010, pp.347-357.

[③]　Liying Zhang, Compensation for Domestic Oil Pollution in China's Coast: Which Law Shall Apply?, in *Maritime Pollution Liability and Policy—China*, Europe and the US, eds.Michael G. Faure, Lixin Han and Hongjun Shan, 2010, pp.359-369.

[④]　Liying Zhang, Compensation for Domestic Oil Pollution in China's Coast: Which Law Shall Apply?, in *Maritime Pollution Liability and Policy—China, Europe and the US*, eds. Michael G. Faure, Lixin Han and Hongjun Shan, 2010, pp.359-369.

中国参加 1969 年《民事责任公约》以及 1992 年《民事责任公约》，因此，在处理涉外油污案件时，适用《民事责任公约》的规定没有疑问。问题是，中国在处理非涉外油污案件（主要是沿海航线）时，责任限制制度是否有必要参照 1992 年《民事责任公约》的规定？ 笔者认为，《民事责任公约》规定的责任限额对于中国一些小船舶来讲太高，不宜作为中国处理非涉外油污案件的依据。

根据中国目前航运业和石油货主的承受能力和油污损害索赔水平，船舶油污损害制度应该采取低赔额、低保费、低摊款，分步实施，逐步到位的办法，最终达到国际公约规定的标准和限额。但责任限制必须有一个最低限，否则受害人的损失就无法获得赔偿。

四、船舶油污强制责任保险和直接诉讼

中国最早关于强制责任保险的立法始于 1983 年 12 月 29 日国务院公布的《海洋石油勘探开发环境保护管理条例》，该条例首次规定在中国油污领域实施强制责任保险。这一规定在当前中国油污损害严重的现实国情下，具有重大意义。《海商法》没有设专章对船舶污染损害方面的问题进行规定，仅仅在第十一章"海事赔偿责任限制"中提到了有关船舶油污损害赔偿问题。《海洋环境保护法》提出了要在中国建立船舶油污保险，虽然并未具体说明是强制责任保险，但是至少已经说明在法律层面上，中国已经注意到了强制责任保险的重要性，并且正尝试在法律上确立该制度。《保险法》也赋予了第三人对保险人直接诉讼的权利，受害人在向保险人索赔得到拒绝时可以直接以保险人为被告向法院起诉。通过明确的法律规定解决了司法实践中对直接诉讼权的长期争议难题，对第三人利益的保护具有实质的重大意义。2010 年 3 月起施行的《防治船舶污染海洋环境管理条例》（以下简称《防污条例》）首次以行政法规的形式对中国船舶油污损害强制责任保险和损害赔偿基金作出明确的规定。但由于《防污条例》对油污保险制度的规定采用的是相对比较原则，需要通过制定相应的配套规章对其予以细化和明确。自 2010 年 10 月 1 日起施行的《船舶油污损害民事责任保险实施办法》规定了与《防污条例》相统一的强制责任保险制度。该办法不但规定了船舶油污损害民事责任保险的投保范围及额度，而且规定了承保的保险机构的条件、保险证书及法律责任几个方面的内容，使中国船舶油污损害赔偿强制保险制度的实施拥有了一个较为具体的法律依据。

关于对民事责任保险人直接采取油污损害的规定,《海事诉讼特别程序法》第 97 条规定:对船舶造成油污损害的赔偿请求,受损害人可以向造成油污损害的船舶所有人提出,也可以直接向承担船舶所有人油污损害责任的保险人或者提供财务保证的其他人提出。油污损害责任的保险人或者提供财务保证的其他人被起诉的,有权要求造成油污损害的船舶所有人参加诉讼。至于保险人的抗辩,根据《司法解释》第 8 条的规定,保险人有权利用所有人本人有权援引的任何抗辩。但是,在任何情况下,保险人都不能拒绝他可能有权在所有人提起的诉讼中援引的辩护理由,除非污染损害是由于所有者本人的任何故意不当行为造成的。

上述法律不但是船东及其保险公司都参与的船舶油污染损害赔偿制度第一层构成的基石,而且还为第二级赔偿制度奠定了基础。

但是从法律规定来看,中国国内法购买强制保险所需的适用油轮的范围比 1992 年《民事责任公约》要宽。在中国管辖海域航行的所有船舶的船东,除运输货物不足 1000 总吨的船舶外,应当要求保险或其他财务保证。

但是,目前中国沿海石油运输市场上大多数油轮都是小型和旧型船舶,其特点是事故率高、补偿能力低。对这些小型油轮的所有者提出强制保险的要求,以及对保险公司采取直接诉讼,有助于确保对石油污染受害者给予充分和及时的赔偿。但是,根据《船舶油污损害民事责任保险实施办法》第 5 条的规定,承运散装油作为散装货物的油罐车的保险价值应不低于 1992 年《民事责任公约》规定的油污损害限额。因此,被保险人对不超过 5000 单位吨位的船舶的价值应不低于 450 万特别提款权。因此笔者认为,悬挂中国国旗的油轮 95.5% 是不超过 5000 吨的小型油轮,以及从这些小油轮溢油的数量油轮通常少于大型油轮,因此对于小型油轮的船东而言,收取与 5000 吨级油轮的保险费相当的保险费是不公平的。除此之外,如以上部分,中国大多数沿海石油运输企业都是小型无法承担高额保险费的企业。高额保险费可能会加剧这些小型沿海石油运输企业破产的风险,迫使它们退出中国沿海石油运输市场。

五、中国船舶油污损害赔偿基金制度的问题

中国目前并没有加入 1992 年《基金公约》。20 世纪 90 年代起,我国借鉴国际通行规则,结合国情,不断完善立法,建立具有本国特色的船舶油污损害赔偿基金制度。2012 年 5 月 18 日,财政部、交通运输部联合颁布了《船舶油污损害赔偿基金征收使用管理办法》,随着该办法于 2012 年 7 月 1 日起实施,具有中国特色的船舶油污损害赔偿基金(COPC-FUND)正式建立。2015 年 6

月 18 日,COPC-FUND 使用管理的最高权力机构——船舶油污损害赔偿基金管理委员会在北京正式成立,标志着船舶油污损害赔偿基金的赔偿、补偿工作进入可运行阶段。

油污损害赔偿基金是为保护海洋环境和海洋油污事故受害人而建立的一种环境侵权社会化分摊救济方式。中国的船舶油污基金制度大部分移植自《基金公约》,而国际公约的内容常常是各国利益相互妥协的产物,其无法代表中国利益,也不能完全符合中国的社会现状。中国《船舶油污损害赔偿基金征收使用管理办法》在移植时虽然有一定的修改,但是仍然存在很多不足,尤其是在理论和实践中存在很多弊端。

尤其是,中国现有的船舶油污损害赔偿基金制度能否满足中国现阶段的油污损害赔偿问题?

中国是 1992 年《民事责任公约》和 2001 年《燃油公约》的缔约国,而不是 1992 年《基金公约》的缔约国,1992 年《基金公约》和 2003 年《补充基金公约》目前仅适用于香港特别行政区。中国政府未加入 1992 年《基金公约》主要基于下面原因的考虑:(1)加入 1992 年《基金公约》可能会带来沉重的经济负担。中国目前是世界第二大石油进口国。因此,如果中国选择参加 1992 年《基金公约》,中国很可能成为 1992 年 IOPC 基金的最大摊款国之一。(2)中国的清理成本远远低于其他国家。此外,中国海域内或附近没有发生重大油污事故。在大多数石油污染事件中,未超过 1992 年的 CLC 限值。(3)中国污染损害评估不完善。1992 年 IOPC 基金要求应明确提出索赔,并提供足够的信息和证明文件,以便评估损害的数额。由于缺乏关于污染损害类型的充分证据,提交的索赔数额,可能不被 IOPC 基金接受。

总而言之,中国政府认为现在不是加入 1992 年《基金公约》的合适时机,因为对 1992 年 IOPC 基金的任何捐款可能远远大于污染事件后获得的利益。然而,人们已经意识到,由于快速发展,中国可能面临船舶污染事故风险增加的风险。因此,政府决定通过建立国内赔偿基金,为中国的石油污染受害者提供补充补偿来源,而不是加入 1992 年《基金公约》。

毫无疑问,中国油污损害赔偿基金的建立对石油污染受害者的赔偿产生了显著的积极影响。污染受害者不但可以获得额外的补偿,而且还构成了船舶污染损害的双层补偿制度,其中船东和石油进口者之间共同承担经济负担。但是,中国国内补偿制度下油轮造成的污染损害赔偿金额仍远低于 1992 年《民事责任公约》和 1992 年《基金公约》规定的最高补偿金额。

表 3-2　1992 年《民事责任公约》和 1992 年《基金公约》规定的最高赔偿金额与中国油船造成的油污赔偿国内制度的比较

	基金公约	中国
第一层赔偿	对于不超过 5000 吨的船舶,450 万特别提款权;每增加一吨,增加 630 特别提款权;并赔偿不超过 8977 万特别提款权	对于不超过 5000 吨的船舶,450 万特别提款权;每增加一吨,增加 630 特别提款权;并赔偿不超过 8977 万特别提款权
第二层赔偿	2.03 亿特别提款权	在任何情况下,一次事故都不会超过人民币 3 亿元最高限额:8977 万特别提款权＋人民币 3000 万元
第三层赔偿	大约 30435 万美元	大约 1.3929 亿美元

从表 3-2 可以看出,中国油污损害赔偿基金提供的最高补偿金额远低于 1992 年 IOPC 基金提供的补偿金额。中国油污损害赔偿基金的补偿可能不足以弥补重大石油污染事件造成的石油污染,而 1992 年 IOPC 基金在这方面的补偿能力相对较高。具体关于中国是否有必要加入 1992 年《民事责任公约》将在第五章中详细论述。

第四节　小结

总之,中国尚未形成一个有关油污的完整的民事赔偿法律体系,有关方面的内容主要是一些原则性和程序性的规定,对许多问题难以协调,法律法规的建构缺少周密的体系化配套,民事法律关系的内容主要规定在一些具有公法性质的法律法规中。其结果是,法官在实际判案中未能有一个相对固定统一的标准,给审理此类案件增加了难度。海事法院在处理有关纠纷时争议颇多,判决不一,往往造成相同性质的案件在不同的法院出现大相径庭的裁判结果,以及一、二审法院的判决结果反差巨大等情况。同时,受害人往往也得不到相应的赔偿。事实上,司法实践对油污损害赔偿案件的法律适用、归责原则、责任限制、赔偿范围等问题存在着很大的争议。

第四章　韩国船舶油类污染
损害赔偿保障法

韩国面临高风险的油污损害不但加入了国际油污损害赔偿制度,而且制定了本国的油类污染损害赔偿保障法,为保障油污损害提供了双重保障。

第一节　韩国船舶油污损害赔偿法概况

韩国由于自身地理位置、能源和经济发展的需要,油污损害的风险非常高,所以韩国除了积极加入国际油类污染损害相关国际公约以外,还制定了适合本国国情的油类污染损害赔偿法,并且根据国际公约的变化,不断地修订,在内容上基本与国际接轨,但是在责任限制,责任保险等方面与国际公约也存在一些不同。韩国油类污染损害赔偿法,为在韩国海域内发生的油污损害事故提供了法律保障。

面对高风险的油污损害情况,2000 年 1 月,韩国国家海事局(MPA)制定了"国家防灾总体规划",对海洋环境中石油泄漏做出反应。① 根据《韩国海洋污染防治法》的规定,泄漏事故责任人有义务对溢油事故做出反应,进行清理,防止石油泄漏。该法赋予海岸警卫队管辖和保障韩国国家安全有关的所有海事活动的权利。对于危害行为,该部门有权进行处理。然而,一般情况下,如果发生油污损害事件,私人承包商会在事件发生的早期阶段提前介入。对于接手的海岸警卫队来说,可以监督情况,必要时可以介入,并提供援助。在主要港口,港区管理局将对港口范围内的少量溢油(100 升以下)做出回应。对于陆上的油污清洁工作,也是主要依靠私人承包商的基本设备等进行。海岸线清理工作由地方当局监督。在大规模泄漏事件中,海岸警卫队也将大力参与。

---

① 自 2014 年 11 月政府重组以来,MPA 现在被称为韩国海岸警卫队,是公共安全和安全部(MPSS)的一个部门。海上保安厅全面负责在大韩民国海域的海洋污染应对工作。它有 5 个地区海岸警卫队总部(东海、釜山、木浦、仁川和济州)。

韩国《海洋污染防治法》要求在韩国水域的所有超过 500GT 的油轮和超过 10000GT 的非油轮在船上和其岸上设施储存特定数量的清理设备。而对于陆上的工作,船舶所有人可以通过由韩国主要石油公司设立的韩国海洋环境管理公司(KOEM)(原韩国海洋污染应对公司,KMPRC),来满足这一要求。在该法的最新修订法中,还要求船东在访问韩国港口时就已经具备对油污恢复能力的应对措施。因此,为了适应该法的要求,在韩国注册的所有船舶必须成为 KOEM 的会员,而对于韩国以外的船舶,则需要提供船只与设备,按照每次访问的情况支付基础费用。出现油污泄漏事故时,KOEM 与海岸警卫队联系,应对海上溢油事故。

　　KOEM 在韩国有 10 个响应基地,大约拥有 50 艘回应船和专门的污染反应设备。[①]

　　早在 1978 年 12 月 18 日韩国就加入了 1969 年《民事责任公约》。韩国于 1991 年开始修订商法上有关油类污染损害保障的相关条款,并于 1993 年 1 月 1 日正式生效。与此同时,1992 年 12 月 8 日正式加入 1971 年《基金公约》,1993 年 3 月 8 日正式生效,并根据这些国际公约的规定,颁布了韩国的《油类污染损害赔偿法》(以下简称《油赔法》)。[②]《油赔法》作为韩国商法的特别法,当发生与国际公约相冲突条款时,《油赔法》优先。在颁布《油赔法》的同时宣布加入 1971 年《基金公约》的 1976 年议定书[③]。所以在 1993 年以前,韩国的油类污染引起的损害赔偿保障基本上依附于油轮船东和国际石油工业界签订的《油轮船东自愿承担油污责任协定》(TOVALOP)和《油轮油污责任暂行补充协定》(CRISTAL)这两个民间自愿协定。但是加入这两个自愿协定的主要是一些大型的船舶和燃油公司,那些小型的轮船遭遇油类污染损害事故得不到充分的保障。

　　在这之后,随着 1992 年《民事责任公约》的发行和生效,韩国在油污损害赔偿方面也不断地努力,在 1997 年 5 月 16 日加入了 1992 年《民事责任公

---

　　① 《ITOPF 国家情况》,http://www.itopf.com/knowledge-resources/countries-territories-regions/countries/korea-republic-of-korea-south-korea/,下载日期:2017 年 10 月 1 日。

　　② 韩国《油赔法》提交韩国事务委员会,并经过一年多的审核和讨论,吸取各界意见综合考虑后,1992 年 12 月经过会批准公布,并与修订的商法一起于 1993 年 1 月 1 日正式生效。

　　③ 根据韩国《油赔法》附则第 1 条的规定,该协定于 1993 年 3 月 8 日起对韩国发生效力。

约》、1992 年《基金公约》,一年后生效,并且 1997 年 1 月 13 日重新修订《油赔法》。①《油赔法》是韩国根据已经加入的 1969 年《民事责任公约》、1971 年《基金公约》以及 1992 年议定书,结合韩国实际情况制定的法律。该法规定了对油类污染损失的船舶所有人的无过失责任②和保障船舶所有人赔偿能力的强制保险义务③,所以其目的是最大限度地保护油类污染的受害者,以更好地促进海运事业的健康发展。

随着大型油污事件的出现,现有的补偿限额无法满足需要,所以国际上提出了修订 1992 年《基金公约》,诞生了 2003 年补充基金议定书(Supplementary Fund)但是,韩国考虑到,如果加入该议定书,就需要缴纳很高的分担金,能否得到相对应的补偿就成了问题,韩国当时并没有大型油污事故,所以优先考虑实际利益的情况下没有加入该协定,④但是当 2007 年"河北精神号"事故发生时,韩国因为没有加入该协定,不能得到足够的赔偿,所以 2010 年,韩国加入了该议定书。

与此同时,韩国国内的《油赔法》也根据实际情况进行了修订,2009 年根据修订的法律第 9740 号,对韩国适用新的补充责任公约的内容进行了固定。根据《燃油公约》的内容,对其适用也作了相关规定。2013 年对一般船舶适用《油赔法》的赔偿责任相关的适用性问题进行了修订。最新的修订是在 2014 年,对相关的罚则做了具体的规定,主要对罚款金额触犯刑法后的刑责做了具体规定。

表 4-1　韩国加入国际油污损害赔偿制度的情况

韩国加入国际油污损害赔偿制度的情况(截至 2018 年 10 月)	
国际条约名称	韩国生效日期(年)
1969 年《民事责任公约》	1979
1971 年《基金公约》	1993

---

①　韩国《油赔法》的修订,主要依据是 1969 年 CLC 和 1971 年 FUND 的相关规定,但是在针对对象方面,公海上包括了油轮,作用范围上扩大到了专属经济区。当时只引用了 1984 年公约(后来的 1992 年 CLC)的一部分,但在 1997 年修订时,完全参照并引用了 1992 年的 CLC 和 FUND 的规定。

②　《油赔法》第 4 条。

③　《油赔法》第 14 条。

④　[韩]穆镇勇:《对改编后的国际油类污染损失补偿体制的韩国应付方案的研究》,载《韩国海洋水产开发院》2005 年 11 月。

续表

韩国加入国际油污损害赔偿制度的情况（截至 2018 年 10 月）	
《民事责任公约》1976 年议定书	1993
《基金公约》1976 年议定书	未加入
1992 年《民事责任公约》	1998
1992 年《基金公约》	1998
2003 年《补充基金公约》	2010
2001 年《燃油公约》	2009

第二节　韩国油污损害赔偿法主要内容

一、责任主体

在《油赔法》第 5 条中对与油轮相关的，船舶油污损害赔偿责任的主体、损害赔偿责任的原因、责任原则、免责事由，以及船舶所有人的构成权等内容进行了规定。在韩国《油赔法》中，船舶油污损害赔偿的责任主体主要包括两种：

第一，船舶所有人。《油赔法》的第 5 条第 1 款对事故发生时，油轮的船舶所有人的责任主体地位作了规定。① 在《油赔法》中，船舶所有人包括韩国《船舶法》第 8 条第 1 款中以及其他国家法令中规定的登记为船舶所有人的人，以及未实际登记，但实际为油轮的船舶所有人的人。但是船舶所有人如果是其他国家的政府的情况下，船舶所有人即该国政府中作为油轮的经营人而登记的公司或者团体或者其他法律规定能够作为船舶所有人对象的人。② 当油类

---

①　《油赔法》第 5 条第 5 款第 1 项以及第 6 项中规定："除本条第 5 款另有规定外，不得根据本公约或其他规定向下述人员提出污染损害赔偿要求：（1）船舶所有人的受雇用人或者代理人或该船员；（2）引航员或者船舶提供服务，但非属船员的任何其他人员；（3）船舶的任何承租人（无论如何定义，包括光船承租人）、管理人或者经营人；（4）经船舶所有人同意或者根据主管公共当局的指令进行救助作业的任何人；（5）采取预防措施的任何人；（6）法律第 5 条第 5 款中第述人员的所有受雇用人或者代理人除非是由于他们本人的故意或者明知可能造成这样的损害而轻率行为或者不为所引起。"

②　《油赔法》第 2 条第 4 款。

污染损害是由于一系列事故导致的情况下,责任人主要是指在最初事件发生时,导致油污损害发生的油轮的船舶所有人。① 这就对由于一个油污损害事故导致的其他油污损害事件发生的情况下,对责任主体进行了明确的规定。上述法律中规定的船舶油污损害的唯一的责任主体是船舶所有人,但是与船舶所有人有关系的船舶租赁人、船舶经营人以及与船舶所有人构成相关的有其他内部关系的人,并不在船舶所有人的范围内。②

在这一规定中,《油赔法》也采用的是严格责任原则,限定了船舶所有人以外的其他人,单纯的船舶租赁人以及代理人等都有免责权。船舶建造人以及预防者也都有规定:在不影响船舶所有人向第三人追偿的权利下,不得因其个人作为或不作为所造成的损害而意图造成损害,或者鲁莽地知道可能会造成这种损害。③

第二,韩国国民租用外国船舶时,把注册为船舶所有者的人和船体租用者视为本法的船舶所有者。并且,在适用无过失责任原则的情况下,无论是否存在过失,发生油类污染事故的船舶所有者都应承担赔偿损失的责任。④ 在这种情况下船舶所有者和承租人承担连带责任。船舶所有者的范围包括韩国国民租用外国船舶时,把注册为船舶所有者的人和船体租用者(即光船租赁人)。

在《油赔法》第 2 条第 4 款中,对于国籍为其他国家,但是船舶所有人属于韩国国民的船舶租赁人的情况,登记为油轮船舶所有人的人以及船舶租赁人都是该法中规定的船舶所有人。因为拥有其他国籍的韩国国民,作为船舶租赁人,与规定的建造中的船舶所有人不同,而且实际掌控该船舶,所以应当被作为船舶所有人。

通过现代海运业船舶的所有和经营的实际情况来看:(1)在登记为船舶所有人的人,但实际运行人为船舶租赁人的情况中,因为所有权有条件的取得问题,通过船舶租赁条约,对于正在建造中或者买卖中的船舶进行实际运营,实际上提供资金支持,其真正的购买人以及运营人为船舶租赁人的情况。(2)所有权有条件的取得,通过船舶租赁条约,因为吨数为目标的法人的限制,作为船舶所有人进行了登记,但是,实际的购买人是船舶租赁人,船舶租赁人实施

---

① 《油赔法》第 5 条第 3 款。

② 《油赔法》第 5 条第 6 款。

③ [日]谷川久時岡泰相良朋纪:《船主责任法、油污损害赔偿保障法》,商事法务研究会 1979 年版,第 342 页。

④ 《油赔法》第 4 条第 1 款。

实际的运营,等多种利用船舶租赁条约的情形。在这种情况下,实际所有权的有无与实际运行人的关系问题就比较难以区分了。在虽然只是船舶租赁人,但是因为实际掌控船舶,应该看作船舶所有人。

韩国将韩国国民租用外国船舶时,把注册为船舶所有者的人和船体租用者作为责任主体的对象是为了更好和迅速地对损害进行赔偿的具有进步性的法律上和政策上的立法。① 此外,大韩民国的国民和船舶租赁的承租人都作为责任主体会相应减少二者在保险方面的负担,可谓一举两得。

1992 年《民事责任公约》把船舶所有者的使用人和代理人排除在责任主体范围外,但韩国《油赔法》将这两个对象规定在了损害赔偿范围内,其故意或者过失造成的损害赔偿不能按照一般的过失责任主体来处理而应该按照其他的损害赔偿对象来规定,这也是《油赔法》与 1992 年《民事责任公约》的不同之处。

虽然《油赔法》,在责任主体方面规定了不能向船舶所有人以外的船舶租赁人(包括光船租赁人)请求赔偿,但是在这里作为韩国国民的光船租赁人具有责任主体的性质,所以也作为责任主体被认定。韩国的这种规定,实际上是将具有争议的情况进行了清晰的规定。这更加具有实际性,也便于受害人取得赔偿。此外,对《油赔法》第 5 条第 3 款中的解释中,因为船舶油污损害赔偿事故引发的其他事故,由最初的事故油轮进行赔偿中也包括了上述属于韩国国民的光船租赁人的情况。

二、赔偿范围

1. 地理范围

《油赔法》专门针对在韩国境内和专属经济区造成的污染损害和预防措施,以防止或尽量减少这种损害。

对比 1992 年《民事责任公约》,韩国《油赔法》对被告人的国籍、地址、居住地等都没有要求,而且对于第 2 项中采取预防措施,防止或最小化这种损害这一点,没有地域限制,直接适用本法。② 在缔约国的管理下,需要注意,为了保护这些国家的领海和专属经济区以外的近海的海上钻井平台、单浮标和自由游泳物种和人造岛屿的渔场等而进行的诉讼,不适用本法。

---

① ［韩]郑英锡:《油类污染损害赔偿法》,多顺出版社 2017 年版,第 30 页。

② David w. Abecassis, Richard L. Jarashow,etc., *Oil Pollution from ships*, 2nd, ed.,London,Stevens & Sons,1985,p.204.

2. 船舶

《油赔法》适用的船舶包括油轮、一般船舶，以及油类存储浮船。油轮是指"为运输散装油类货物而建造或改建的任何类型的海船和海上航行器（包括浮船），能够运输油类和其他货物的船舶，仅在实际载运散装油类货物时，以及在此种运输之后的任何航行期间，方能被视为油轮，但能证明船上没有此种散装油类运输的残余物者除外"。一般船舶是指油轮和海上浮式生产储油船的其他船舶。海上浮式生产储油船是指根据《船舶安全法》第 2 条第 1 款规定的浮式的海上建筑物，进行油类存储的船舶。

3. 油类

《油赔法》中油类中适用的对象仅包括持续性的油类，非持久性油类和有害物质被排除在外。《油赔法》不适用的油类，包括非持久性油类（比如润滑油等）或者有害物质，以及《海上运输危险和有毒物质损害责任和赔偿国际公约》（*International Convention on Liability And Compensation For Damage In Connection With The Carriage of Hazardous and Noxious Substances by Sea*，以下简称 HNS 公约）上规定的燃料油以及 HNS 公约上规定的其他油类。在《油赔法》的第 2 条第 6 款中虽然对燃油的定义进行了规定，但是与第 2 条第 5 款中规定的基本没有什么区别。

在 1992 年《民事责任公约》中，对于持久性油类并没有非常明确的定义，所以在《油赔法》第 2 条第 5 款中的实行令中，根据韩国工业标准化法的执行法令第 12 条中对石油产品的规定，该规定与 IOPC-FUND 中的规定基本一致。①

4. 油污损害

要想船舶所有人承担损害赔偿责任，必须有油污损害行为的发生。在《油赔法》的第 2 条第 7 款中，对油轮发生的油污损害进行了规定。污染损害责任的成立需要油轮造成油类泄漏或者流出这个原因。根据这个规定，为了防止损害的发生而采取的预防措施和防止损害发生的费用也包含在内。也就是说，事故的发生与油污损害之间具有因果关系，油污损害和损害之间也必须具

---

① 持久性油通常含有相当大比例的重馏分或高沸点物质。持久性油是实际上通过描述非持久性油的含义来定义的："非持久性油是在运输时由烃馏分组成的油，(a) 其中至少 50％（体积）在 340℃（645°F）的温度下进行蒸馏。和 (b) 其中至少 95％（体积）在 370℃（700°F）的温度下进行蒸馏。"

有因果关系。[1]

第一,流出的含义是,从船舶中泄露出来,是被动地出来的意义。而排出的含义是船舶主动排出油类。因为根据《油赔法》的规定,无论是不是存在故意或者过失,都是该法中指的污染损害。

第二,船舶外部发生的损害,应该不包括油轮自身的灭失或者毁损。

第三,油污损害赔偿责任的承担的成立,必须对受害人产生了损害。也就是说损害了受害人的合法权益。根据保护法益,对生命或者受害人的财产以及其他权利产生了侵害行为,对海洋动植物的种类以及生态环境产生了损害。但是环境损害一般不属于个人,这在纯经济损失中的认定非常困难,最近对于自然环境的惯例和环境权的私权性等进行认证,国家以及地方团体等公共利益机关应该克服传统的认证理论,对于环境和生态损失也进行赔偿。随着这一理论的发展,《油赔法》对油污导致的环境损害以及恢复环境采取的措施等费用也包含在内。[2]

第四,损失以及损害必须造成了实际的损失。单纯的因为可能发生而产生的忧虑并不在损害的范围内。但是责任的成立,不包括未来可能导致的损害的发生,这一部分不在赔偿范围和赔偿额的具体化范围内。

5. 预防措施

第一,《油赔法》第 2 条第 7 款中"预防措施"一词是指事故发生后任何一方或第三方采取的任何合理措施,以防止或尽量减少油污损害;这里规定的损失以及损害是为了预防即将发生的损害,为了防止对受害人造成实际性的损害威胁,受害人以及船舶所有人直接采取的预防损害发生的措施的费用,以及防止损害发生的团体根据合同采取的防止损害发生的措施而产生的费用。根据韩国《海洋环境管理法》的规定,国家的行政性的防治措施费用也包含在内。[3]

第二,对于"预防措施造成的进一步损失或损害"。这句话,指的是实际危害发生时,为了防止事态严重发展,受害人或者船舶所有人以及根据韩国《海洋环境管理法》规定的国家行政团体采取的预防损害继续发生的防治措施,但是因为这一措施,不但没有减少损害的发生,而是导致更加严重的损失或者损

---

[1]　《油赔法》第 2 条第 8 款中规定,"事件"一词系指任何发生或一系列具有同一起源的事件,造成油污损害或造成此类损害的严重和迫在眉睫的威胁。

[2]　[韩]郑英锡:《油类污染损害赔偿法》,多顺出版社 2017 年版,第 27 页。

[3]　[韩]尹小英:《油污损害赔偿责任成立要件》,载《安岩法学志》第 16 号。

害的发生,也就是属于无效果的措施的费用。这也在《油赔法》规定的范围内。所以该法调整的对象是,对于为了防止海洋污染损害的发生,在重大或者紧迫的损害事件发生时,只要采取了积极性的措施,无论造成的结果如何,都在防止损害发生的预防措施范围内。

6. 因果关系

《油赔法》中损害赔偿责任的成立需要事故与油类污染之间,油类污染与油类污染损害之间各个都具有因果关系。也就是说,由于碰撞或者触礁等导致的油类泄漏造成了油污损害关系的发生。也就是说,油污损害的发生是由于油类的泄漏以及排除而产生的,所以说,受害人要与船舶所有人构成损害赔偿责任,不是要证明发生了损害事故,而是应该证明损害是由于油类的泄漏或者排除导致的结果。

《油赔法》也采取的是严格责任原则。虽然油轮方面不存在对过失的举证责任,但是需要证明损害的发生是由于船舶油类的泄漏或者排除导致的这一因果关系。

发生涉及两艘或两艘以上船舶的事件,并且不确定由于特定船舶溢油或排放造成油污损害的,所有船舶所有人应当承担连带责任:(1)款中任何一项的油污损害时,不适用本规定。另外当两艘以上船舶碰撞导致的油类污染损害,当无法确定是哪艘油轮发生的污染损害时,各个碰撞的油轮需要承担连带责任。①

当然,如果能够确定是哪艘油轮产生的油类的泄漏,根据泄漏的事实和损害发生的情况,按照比例来承担责任。当油污损害发生需要各个油轮船舶所有人承担连带责任时,这种情况下,责任主体就扩大了。需要举证因果关系责任。在这种情况下,损害发生的原因必须证明是油类的泄漏导致的,而非船舶碰撞导致的。只举证赔偿受害人因为油类泄漏导致的污染损害部分。

可以看出,韩国在油污损害赔偿范围中,对地理范围,对于船舶和油类以及污染损害的定义基本上与国际公约一致。对于特殊的部分,也都做了比较明确的解释,这样在法律适用上,就比较有依据。

三、责任限制和免责

根据《油赔法》第 5 条第 1 款和第 2 款的规定,油轮船东应依照本法行使

---

① 《油赔法》第 5 条第 2 款。

对油污损害赔偿责任的抗辩权。《油赔法》第 7 条第 1 款规定:对油污赔偿负责的油轮(包括公司无限责任合伙人)的所有人损害第 5 条第 1 款的规定或可以按照本法的规定限制油污责任;但本规定不适用于因其个人故意或不作为而造成的油污损害,以及有意图造成的损害,或鲁莽地并且知道可能会导致这种损害的行为。但是,根据该法第 5(1)(4)条和第 2 条第 4 款的规定,登记为船舶所有人的人,以及韩国国民租用外国船舶时,把注册为船舶所有者的人和船体租用者,也作为责任限制的主体。

因此,韩国《油赔法》中责任限制的主体包括船东、船舶经理、承租人、船舶经营人、船舶所有人为法人以及前款所列人员的无限责任。注册拥有人有权限制其责任。《油赔法》第 6(1)条和《民事责任公约》第 5(1)条。限制级别与《民事责任公约》的限制级别相同。这些数字高于一般 1976 年的 LLMC,以保护受油污染造成的受害者。

《民事责任公约》对登记为船舶所有人的责任进行了集中的分析①,单纯的船舶租赁人以及代理人等都有免责权。船舶建造人以及预防者也都有规定:在不影响船舶所有人向第三人追偿的权利下,不可以向下列人等提出污染损害赔偿请求。即(1)船舶所有人的雇员或代理人,船员;(2)引航员或为船舶提供服务单非属船员的任何其他人。②

但是《油赔法》根据 1992 年《民事责任公约》的主体规定,在《油赔法》第 2 条第 2 款中规定,在事故发生时的船舶所有人,或者,如果该事故系由一系列事件构成,则第一个此种事件发生时的船舶所有人,应对船舶因该事故而造成的任何污染损害负责。当发生涉及两艘或更多船舶的事故并造成污染损害时,所有有关船舶的所有人,应对所有无法合理区分的此种损害负连带责任。"船舶所有人"是指登记为船舶所有人的人,如果没有这种登记,那么是指拥有该船的人。但如船舶为国家所有而由在该国登记为船舶经营人的公司所经营,"船舶所有人"即指这种公司。根据《油赔法》第 7 条第 8 款的规定,对油污损害的任何索赔也可向承担船舶所有人油污损害责任的保险人或提供财务保证的其他人直接提出。《油赔法》还明确规定了只有确定损害是第三人故意造成或明知可能造成此种损害而轻率地作为或不作为所致的,才可以对该第三人提出污染损害赔偿请求。

---

① 这个协议的特色是责任的主体是限制为登记为船舶所有人的人。[韩]裴炳泰:《1969 年油污损害赔偿民事责任公约研究》,载《海洋韩国》1974 年第 4 期。

② 《油赔法》第 2 条第 4 款。

上述规定中的第三人包括：

(1)租船人,船舶管理人及船舶运营人；

(2)作为法人的船舶所有权人及第(1)项所列的无限责任人员。

①因自己的行为,对船舶所有权人或者第(1)项所列的人成立第746条各项规定的债权的船长、海员、导航员及其他船舶所有权人,或者第1项所列的人的使用人或者代理人。

②有关在同一事故中所发生的全部债权,船舶所有权人及第1款所列人的责任限制之总额,每一船舶均不得超过第747条中规定的责任限额。

③船舶所有权人或者第1款各项所列者之一被决定开始责任限制程序时,能限制责任的其他人也可以援用该决定。

韩国《油赔法》对于责任主体的规定基本沿用了1992年《民事责任公约》的规定,责任主体是注册为船舶所有者的人。① 但是根据《油赔法》,当韩国光船租赁外国船舶的时候,注册为船舶所有者的人和船体租用者都被视为《油赔法》的船舶所有人。并且,在适用无过失责任原则的情况下,无论是否存在过失,发生油类污染事故的船舶所有者都应承担赔偿损失的责任。② 在这种情况下,船舶所有人和承租人承担连带责任。船舶所有人的范围包括韩国国民光船租赁外国船舶时的光船租赁人和注册为船舶所有者的人。③

韩国《油赔法》也遵循了1992年《民事责任公约》的主要精神,对责任限制实行严格的规定。④ 船舶所有者自身的故意或者损害发生的同时盲目的作为或者不作为导致损害发生的情况除外对一定的责任采取了责任额限制。但是韩国《油赔法》上的责任限额比商法上的要高。

在两艘以上的船舶发生油类污染损失,且不能明确油污是从哪一艘船舶泄漏或外流时,各个船舶所有者连带地承担赔偿该损失的责任。⑤ 但是,船舶所有者认识到其油类污染损失是自身的故意或有可能发生损失的情况下所采取的莽撞行为或不作为所导致时,则无法限制其责任。⑥ 对于200吨以上的韩国散装油货物运输船舶或200吨以上的外国散装油货物运输船舶,强制签

---

① 《油赔法》第2条第2款。

② 《油赔法》第4条第1项。

③ 《油赔法》第1条、第2条第1号、第4号。

④ 《油赔法》第6条。

⑤ 《油赔法》第4条第2项。

⑥ 《油赔法》第6条第1项前段。

订损失赔偿责任保障合同,置备保障合同证明等要求都已经义务化。① 发生超过船舶所有者责任限度的损失时,受害者可以向国际基金请求补偿。② 1993年发生的"金东号"油类污染事件的受害者向国际基金提起诉讼,得到了被认定损失赔偿的下级审判。同时,还规定了作为国际基金分担金交纳目标的油种和义务者,分担金的目标油种为"油类和原料油"等,交纳分担金义务者为年度进口油150000吨以上者。③ 除此之外,对国际基金拖欠者的制裁措施依据已经明文化,并制定了责任限制程序的相关规定。

四、强制责任保险和直接诉讼

韩国《油赔法》第14条规定:

(1)在大韩民国登记并装载不少于200吨散装油作为货物的油轮的船东应签订赔偿油污损害赔偿合同(以下简称为保障合同)。

·(2)除在大韩民国登记的油轮外,载有不少于200吨散装油作为货物并进出境内港口或使用国内系泊设施的油轮的船东,应缔结保障合同。

(3)海洋水产部长官可以命令违反第1款的任何油轮暂停其航行和运营。

(4)海洋水产部长官可拒绝任何违反第2款的油轮进入或离开国内港口,或拒绝允许其使用国内系泊设施。

任何担保合同均是为补偿签订保险合同的船舶所有人由于履行其义务而造成的损害。油污损害担保合同是为赔偿船东因油污染造成的损害。油轮船东应当按照国土交通部条例的规定与甲方等保险公司签订担保合同。按照国土交通部条例的规定,海事事务有财政资源来保证赔偿损坏或履行对油轮船东的赔偿责任。在第(2)款的担保合同的情况下,保险对船舶所有人的损害赔偿金额或履行的赔偿金额付款不得低于每艘船舶的最高责任限额第8条的规定。在国际公约中,只规定2000吨以上的船舶加入强制保险,但韩国《油赔法》规定的是200吨以上,范围扩大了很多。这样,外国船舶在200吨以上,不足2000吨而没有加入强制保险的情况下,能否进入韩国港口,会出现很多问题。这是《油赔法》与国际公约相矛盾的地方。

虽然200吨以上的船舶必须加入强制保险,《油赔法》主要对受害人船舶所有人、保险人根据1992年《基金公约》以及其第4条第1款规定的赔偿请求

---

① 《油赔法》第14条、第21条。

② 《油赔法》第23条。

③ 《油赔法》第31条。

无法得到保障的情况作了规定。根据《油赔法》的规定,受害人首先得到船舶所有人在赔偿限度额以内的资金赔偿。损害额超过船舶所有人限度的部分,或者船舶所有人破产的情况下,在无法获得补偿的情况下,获得适当的补偿。

根据契约法直接当事人的原则,保险合约的直接当事人中的被保险人和保险人原则中,受害人无法向保险人请求保险费。但是出于对第三人的保护,各国的法律体系中对责任保险的情况,对第三人的直接诉讼都有所规定。

《油赔法》上船舶所有人的损害赔偿责任发生时,受害人可以直接向船舶所有人的保险人等进行直接的损害赔偿请求。① 但是,如果是船舶所有人故意导致损害发生时,不能向保险人等行使直接诉讼。受害人对保险人直接请求的情况只在船舶所有人对受害人主张以内的情况内才可以请求。

对油类污染损失有赔偿债权者对事故船舶、其所属器具及没有结算的运费,具有船舶优先特权。② 但是,这种船舶优先特权具有不能优先于《商法》(第 777 条)的船舶优先特权的效力,《商法》方面船舶优先特权相关的规定③,准用于依据赔偿《油赔法》的船舶优先特权。根据《韩国商法》第 782 条的规定,《油赔法》中油类污染损害事故导致的债权中的船舶优先权赔偿权在第 5 位,④债权的优先特权竞合时,后发生的债权优先于先发生的债权。同一事

---

① 《油赔法》第 16 条第 1 款。

② 《油赔法》第 43 条第 1 项。

③ 韩国《商法》第 777 条至第 786 条。

④ 具有下列债权者,对于船舶及其属具,导致该债权的航海运费,附随于该船舶及运费的债权,享有优先特权:

"1. 为债权人的共同利益而付出的诉讼费用,有关拍卖船舶及其属具的费用,向航海中的船舶所课的各项税款,导船费及拖轮费,最终进港之后的船舶及其属具的保存费,检查费;

2. 船员及其他船舶使用人因雇佣合同而发生的债权;

3. 对船舶救助的报酬及共同海损分担的债权;

4. 因船舶的碰撞而发生的损害及其他航海事故所致的航海设施,港湾设施及航线的损害及船员或者旅客生命、身体损害的赔偿债权;法律规定优先于其他债权人受偿自己的债权。此时,在不违反其性质的前提下,准用《民法》中抵押权的规定。[2007.8.3 全文修改]第 782 条(对同一航海而产生的债权的优先特权的顺位)

①同一航海而产生的债权的优先特权竞合时,其优先顺位根据第 777 条第 1 款规定的各项顺位来决定。

②第 777 条第 1 款第 3 项规定的债权的优先特权竞合时,后发生的债权优先于先发生的债权。同一事故而产生的债权视为同时产生[2007.8.3 全文修改]。"

故而产生的债权视为同时产生。这是 1992 年《基金公约》上没有的规定,为了让受害人的权利得到更好的保障,而在《油赔法》上的认证。所以在《油赔法》上有加入强制责任保险的规定,如果船舶所有人没有加入保险,而又无力赔偿的情况下,根据 1992 年《基金公约》的赔偿规定,船舶优先权就体现不出来了。

在韩国民法上,因违法行为导致的损害赔偿请求权是在违法行为发生后起的 10 年内,在知道违法行为发生后,3 年内对损害和加害人有 3 年的诉讼时效。但是根据《油赔法》的规定,油类污染损害发生的 3 年内,油类污染损害原因确定后以及最初事故发生日起的 6 年内没有上诉请求的情况下,损害赔偿请求权自主消灭[①]。

为保护受污染事故造成的受害者,《油赔法》要求油轮的注册所有人或者光船承租人提供保险或其他财务保障。该保险是指强制性责任保险。通过禁止没有强制性保险的船只进入韩国港口,上述法律制度得到有效实施。《油赔法》第 14 条第(4)款条和第(5)款规定受害人有权对涉及石油污染事故的船只的责任保险人采取直接行动。

《油赔法》和 1992 年《民事责任公约》之间最显著的差异是强制性保险的门槛吨位。在《油赔法》下,批量运输超过 200 吨油的船舶应按照《油赔法》第 14 条加入强制保险;而在 1992 年,批量运载超过 2000 吨石油的《民事责任公约》船只才应该加入。此外,受害人有权依照"公约"在韩国法院追究 1992 年《基金公约》的合法权利。

五、责任限制程序

《油赔法》对船舶所有人责任限制程序相关的管辖、移送、共托命令、国际基金的参加等作了基本的规定,具体的程序要遵守船舶所有人等的责任限制程序法(以下简称为责任限制程序法)的相关规定:

1. 责任限制程序的申请时间

根据《油赔法》的规定,具备责任限制条件的船舶所有人,对债权人的责任限制额超过的请求金额申请免除的时候,要在收到书面请求之日起 6 个月以内开启责任限制程序,[②]但是韩国《商法》上规定的限制责任人,超过债权人的

---

① 《油赔法》第 11 条。

② 参见《油赔法》第 6 条第 2 款。

责任限额请求时,将金额明示在书面上,并于 1 年内向法院申请开始责任限制程序。① 从这个比较来看,《油赔法》比商法在责任限制程序开始的申请日期上更短,对于受害人的损害补偿方面更加迅速。

2. 责任限制事件的管辖

根据《油赔法》的规定,责任限制事件在油类污染损害发生地具有专属管辖权。② 韩国领土内以及专属经济区内发生的损害以及预防和防治,其领土以及专属经济区独特性的管辖主要针对受害人在遭遇油污损害事故后,能够在最大范围内得到迅速的处理。

3. 委托保管命令

自《油赔法》上法院的责任限制程序申请开始起,在认证时如果超过《油赔法》第 35 条规定的内容,责任限制程序的申请人在法院的委托保管命令下提供委托保管证书,并开始决定和分配。③

韩国是 1992 年 IOPC 基金会的成员。因此,实施 IOPC 基金制度有若干规定。1992 年《基金公约》有资格作为韩国管辖的被告。④ 1992 年 IOPC 基金有权参与限制程序。⑤ 任何在韩国港口接收总量超过 15 万吨的人员,应向国际石油公司基金缴款。韩国加入 2003 年《补充基金公约》后,作为其成员,也遵守补充协定的相关规定。

总之,该法的责任主体是注册为船舶所有者的人。⑥ 韩国国民租用外国船舶时,把注册为船舶所有者的人和船体租用者视为本法的船舶所有者。并且,在适用无过失责任原则的情况下,无论是否存在过失,发生油类污染事故的船舶所有者都应承担赔偿损失的责任。⑦ 当然,如果船舶所有人根据《油赔法》的规定设立基金,则有权限制其责任范围:对油污事件造成的污染损害提出索赔的任何人不得就其索赔对船舶所有人的任何其他财产行使任何权利。⑧

---

① 参见《商法》第 776 条第 1 款。

② 参见《油赔法》第 33 条。

③ 参见《责任限制法》第 14 条、第 73 条。

④ 参见《油赔法》第 23 条。

⑤ 参见《油赔法》第 36 条。

⑥ 参见《油赔法》第 2 条第 2 项。

⑦ 参见《油赔法》第 4 条第 1 项正文。

⑧ 参见《油赔法》第 6 条第 1 项正文、第 7 条。

但是,船舶所有人认识到其油类污染损失是自身的故意或有可能发生损失的情况下所采取的莽撞行为或不作为所导致时,则无法限制其责任。对于 200 吨以上的韩国散装油货物运输船舶或 200 吨以上的外国散装油货物运输船舶,要求强制签订损害赔偿合同,对于赔偿合同证明等方面都要求义务化。① 当损害赔偿超过船舶所有者责任限度时,受害者可以向国际基金请求补偿。② 同时,还规定了缴纳国际基金分担金的油种和义务者,分担金的目标油种为原料油等,分担金缴纳的义务者为年度进口油 150000 吨以上者。③ 除此之外,对国际基金拖欠者的制裁措施也有了具体的规定,制定了责任限制程序相关规定。对油类污染损失有赔偿债权者对事故船舶、其所属器具及没有结算的运费,具有船舶优先特权。④ 但是,这种船舶优先特权具有不能优先于《商法》的船舶优先特权的效力。⑤《商法》中船舶优先特权相关的规定准用于依据赔偿《油类污染损失保障法》的船舶优先特权。⑥ 由于以前与油类污染事故相关的韩国法不够完备,导致解决发生油类污染事故时难题较多,因此,该法可以认为是适当时机的立法。

另外,韩国允许海事联盟提出索赔。根据《油赔法》第 51 条的规定,船舶油污染损失赔偿保证金应当适用船舶留置权,但本条款不在 1992 年《民事责任公约》中。这项规定使受到石油污染的受害者在其他索赔之前恢复损失赔偿。当油污事故造成的损失金额超过《民事责任公约》规定的限制时,船东能够遵守本法第 41 条规定的责任限制程序。《油赔法》第 43 条允许索赔人因石油污染而对有争议的船只行使船舶留置权。这种船舶留置权不如《韩国商法》第 861 条的一般海事留置权,1992 年《民事责任公约》中并没有规定。根据韩国的法律,海运被视为与船主限制其责任的权利的平衡。因此,《油赔法》有意向受害者提供一种对有权限制其责任的注册所有者的保护措施。但是,现在注册所有者应该为受害者维护强制性责任保险或财务安全,《油赔法》第 43 条的存在似乎是多余的,

---

① 参见《油赔法》第 14 条、第 21 条。
② 参见《油赔法》第 23 条。
③ 参见《油赔法》第 31 条。
④ 参见《油赔法》第 43 条第 1 项。
⑤ 参见《油赔法》第 43 条第 2 项。
⑥ 参见《油赔法》第 43 条第 3 项。

除了注册所有者不提供此类保险。除《油赔法》外,还有一个单独的法案称为《责任限制诉讼法》。根据本法的规定,律师事务所有六个步骤如下。

(1)开始申请责任限制程序。

船东必须在收到超过《民事责任公约》可用限额的索赔之日起 6 个月内向具有事故管辖权的律师事务所或法院申请。

(2)船东必须将《民事责任公约》的限制金额和利益的 6% 存入法院。

(3)法庭决定何时开始,然后律师事务所在指定的日期之前收到受害人的索赔。

(4)律师事务所和受害人的出席者必须在指定的日期内提交索赔,并且 IOPC 基金会也可以作为利益方出席。

(5)考试法庭审查受害者提交的每项索赔的详细内容。如果对索赔有不同的意见,索赔可能不会被提交。

(6)判决如果索赔有不同的意见或论据,法院将损失金额的决定进行判定。如果 IOPC 基金或索赔人不同意这一决定,他们可以将此事提交法庭。

与国际公约相比不同的是,韩国船东有权限制其责任。注册为船舶所有者的人有权限制其责任。限制级别与《民事责任公约》相同。如果证明污染损害是由他的个人行为或不行为造成的,意图造成此类损害,或者罔顾后果地知道这种损害可能会导致的,船东就无权限制其责任。但是因为索赔人证明上述情况不容易,因此没有报告说,船东的限制权在《油赔法》下被打破。另外,限制程序规则也分开规定:当登记为船舶所有者的人试图援引限制其责任的权利时,他应当向处于案情的法院在另一法院申请限制程序。为此,韩国此项法律又被称为《船东的限制责任程序法》。《油赔法》有几项特别的规定,供船东援引其责任。如果法院承认开始限制的申请是合理的,法庭在 14 天内到法庭。允许申请人以现金存款方式存入等值的债券。

六、对赔偿基金的规定

根据韩国《油赔法》第 21 条的规定,任何遭受油污损害的人都可以要求赔偿,也可以根据韩国加入的《基金公约》的条款要求赔偿。根据《油赔法》的规定,受害者首先在赔偿限额内从漏油的船东那里获得赔偿。

表 4-2　国际油污损害赔偿法在韩国的适用

发生事故的船舶油污损害的位置	加入了《民事责任公约》和《基金公约》的国家		只加入了《民事责任公约》的国家	《民事责任公约》和《基金公约》都没有加入的国家
	韩国	除韩国外的其他国家		
两个公约都加入的国家的船舶	《油赔法》	按照国际公约	《民事责任公约》及相关国内法	相关国内法
民事责任公约下的船舶	《油赔法》			
其他船舶	《油赔法》			
管辖国家	韩国以及事故发生国	事故发生国	事故发生国	事故发生国和被告人所在国

　　如果损害数量超过船舶所有人的限制，或者船舶所有人破产，则赔偿无偿，但 1992 年基金的最高赔偿额仅为 2.3 亿美元。基本赔偿程序如下：

　　(1)受害人对国际基金的赔偿要求；

　　(2)国际基金的干预；

　　(3)国际基金诉讼通知；

　　(4)对国际基金的行政管辖权；

　　(5)外国判决的有效性；

　　(6)贡献油量报告；

　　(7)向国际基金传播数据；

　　(8)为国际基金捐款；

　　(9)拖欠国际基金的要求通知书。

　　韩国是 1992 年 IOPC 基金会的成员。因此，实施 IOPC 基金制度有若干规定。1992 年 IOPC-FUND 有资格作为韩国管辖的被告。1992 年 IOPC 基金有权参与限制程序。以及在韩国港口接收的总量超过 15 万吨的任何人，应向 IOPC 基金支付。

　　韩国是 1992 年《基金公约》和 2003 年《补充基金公约》的缔约国。《油赔法》对船舶所有人和保险人的规定基本按照1992年《基金公约》的规定。根据《油赔法》,受害人在赔偿范围内得到船东的赔偿遵循。如果损失的数额超过了船东的限额,或船舶所有人破产,则无法得到,这种情况下需要依靠1992年《基金公约》。但1992年《基金公约》最高补偿只有2.3亿美元赔偿责任限额特别提款权。超过1992年《基金公约》基金补偿的部分可以向2003年《补充基金公约》提出赔偿。但是在"河北精神号"油污事故发生前,韩国还没有加入2003年《补充基金公约》。所以在"河北精神号"事故发生后,韩国迅速制定了《支持河北精神号受灾居民的特别扶持政策——溢油事件和海洋环境恢复》(以下简称《"河北精神号"特别法》)。

主要内容如下:

(1)设立油污事件特别委员会

特别委员会由总理担任主席用于讨论和决定有关受害者赔偿问题,讨论和协调有关海洋环境恢复的问题,作出支持受油污影响地区的决定。

(2)受害者群体[①]

"河北精神号"遭受损失的居民可以设立受害群体,他们必须通知当地政府。受害者小组可以出席特别委员会的会议并提出其意见。

(3)支持赔偿被害人

这一规定分为两类补偿,即韩国政府可以根据评估结果向索赔人预付IOPC基金的金额,该款项是IOPC基金批准的总金额超过1992年《基金公约》财政年度的最高限额。[②]

根据这一规定,韩国政府已经取得了索赔人提交的373份申请(314亿韩元)。截至2009年年底,这些数据都是根据IOPC评估的全部数额进行计算的。如果索赔人没有收到相关IOPC基金的评估结果的话,在提出索赔的6个月内,可以向韩国政府申请贷款。

(4)指定海洋特别环境恢复区

MLTM部长在整个讨论中指出环境可能受到严重损害,在严重受损地区和敏感地区,可能会改变生态系统,所以指定了海洋环境特别恢复区。韩国政府建立起一个特别的海洋特区环境保护规划实施情况,按照计划采取措施。

(5)对受油污影响的地区提供支援

---

① 《"河北精神号"特别法》第7条。

② [韩]南智源:《河北精神号油污损害后续问题》,载《人权和正义》(第387号)2008年11月。

韩国政府可能会为遭受损失的地区提供医疗服务、流行病的预防、油污的清理以及废弃物的收集等方面的支援,并为遭受损失的居民提供财政支持。根据《"河北精神号"特别法》,韩国政府还列出制定清理和恢复费用。《"河北精神号"特别法》主要是为因超过了 1992 年《民事责任公约》和 1992 年《基金公约》的赔偿额部分,对受害者提供财力保障,因为其损失已经超过了 1992 年《民事责任公约》和 1992 年《基金公约》的赔偿额。① 另外,国际油污损害赔偿的资金还需要等待很长的时间,②以及受油污损害的小商人和穷人的生活也需要保障,所以需要特别订立《"河北精神号"特别法》来解决。但是在解决的同时,韩国政府也承担了很大的经济负担。

对于国际油污损害赔偿基金的规定,首先,对 1992 年《基金公约》的参加。对于 1992 年《基金公约》的责任限制程序可以参加,但是参加的申请人,收益债务人以及责任限制程序的参加者必须按照 1992 年《基金公约》的责任限制程序进行通知。③ 1992 年《基金公约》的责任限制程序需要在规定的法院进行起诉或者作出通知。对于油类污染受害人来说,要在规定的情况下进行通知,遵守 1992 年《基金公约》的第 6 条规定。

其次,对 1992 年《基金公约》的摊款。各缔约国保证,对在该国领土内收到的摊款油,履行根据本公约所产生的、向本基金缴纳摊款的义务,并根据本国法律采取适当措施,包括它认为必要时给予制裁,以便有效地履行该义务。但是这些措施必须只针对有义务向本基金缴纳摊款的人和国家。各缔约国须保证,在其领土内收到一定的摊款油量以致有义务向本基金缴纳摊款的任何人,其名字出现在干事长根据本条以下规定所制定并不断更新的名单上。④

---

① 根据"国际补偿计划",1992 年《民事责任公约》和《基金公约》对韩国赔偿限额为 230 万特别提款权(321.6 亿韩元),但 IOPC 基金估算的损失约为 372~424 亿韩元(以估计直到 2008 年 3 月的损失)。因此,无法完全补偿实际受害者的损失,韩国政府必须采取措施解决这个问题。

② 因为索赔手册下的索赔处理程序是非常复杂的,评估过程也需要相当长的时间。作为第一步,索赔人需要编写详细的相关文件或者用证据来证明其损失,并尽可能客观、科学和合理,之后还有很长的等待时间,国际防止自由贸易联盟基金对其索赔进行评估有一定的期限。如果有一些对索赔人与国际劳工组织基金之间的赔偿额不一致的部分,该索赔人可以将此事提交给法院。

③ 《油赔法》第 25 条第 1 款和第 26 条第 1 款。

④ 《油赔法》第 15 条。

七、对 2003 年《补充基金公约》的规定

在缔结 2003 年《补充基金公约》的过程中,韩国还探讨了是否加入该议定书。如果它加入本议定书,作为公约缔约国的韩国应支付大量的摊款。获得相当于缴纳会费的补偿将是有问题的。由于补充基金议定书仅适用于一些被认为数额很高的事件,因此考虑到在类似的欧洲国家几乎没有赔偿案件,因此没有将其纳入议定书。①

《油赔法》第 30 条规定了《补充基金公约》的相关内容。对补充基金的胜利索赔:任何遭受油污损害的人都可以根据《补充基金公约》第 4 条第(1)款的规定就油污损害超过国际基金的最高赔偿责任限额提出赔偿要求。第 31 条涉及《补充基金公约》的适用性。此外,《补充基金公约》的参与、诉讼通知、诉讼管辖权、其他国家判决的有效性、分摊会费的支付以及材料的提交基本上符合规定。

八、韩国船舶油污损害赔偿程序

索赔程序通常基于国家程序法。在韩国,索赔人可以通过提交带有证明文件的书面表格向船东,保险公司和 IOPC-FUND 提出索赔。IOPC-FUND 和 P&I 俱乐部提名专家监督清理过程并批准支付赔偿金。IOPC 和 P&I 俱乐部联系索赔人解释并通知评估结果。如果索赔人同意这些决定,将支付赔偿金或如果索赔人不同意,索赔人可以通过提供补充文件或将案件提交国内法院来要求重新评估。

当注册所有人试图援引限制其责任的权利时,他应该在法院处理案情的单独法院申请限制程序。

《油赔法》第 35 条规定了对船东有几项特殊规定来援引其责任。如果法院承认启动限制的申请是合理的,法院的限制将在 14 天内交给法院,允许申请人将现金存入等价债券。

《油赔法》第 51 条规定,船舶油污造成的损失赔偿保证金,适用海事留置权,但本条款不适用于 1992 年的 CLC。这项规定使受油污染的受害者能够在其他索赔之前收回损失。

---

① ［韩］穆振勇:《韩国油污补偿制度的适应》,载《韩国海洋渔业发展研究》2005 年第 11 期。

具体操作如下：

1.损害调查程序

（1）损害调查

油轮造成的油污损害事故，无论是从受害人的角度还是从加害人的角度来看，都需要进行损害调查。调查通常是由 P&I 俱乐部和 IOPC-FUND 共同组成的。

损害调查一般分为两个阶段：第一阶段是对油污损害事故发生的原因和受损害的范围进行调查，第二阶段主要是分别对受害人的索赔请求进行合法性的调查和处理。

调查一般是由 P&I 俱乐部和 IOPC-FUND 中的专门的测量员（surveyor）来进行的。对损害情况的调查过程，从受害人方面也会收到调查员的调查，所以和油污损害事故的责任人的调查人员联合行动，IOPC-FUND 或者保险人对于调查结果出具调查报告。

（2）赔偿请求

受害人需要出具损害证明相关的材料给船舶所有人以及其保险人，然后向 IOPC-FUND 请求赔偿。P&I 俱乐部和 IOPC-FUND 共同组成的地域纷争事务所对上述请求进行处理。

并且通过 ITOPF 提供相关调查的证明材料，并得到相关的平角。在这个过程中，P&I 俱乐部和船舶油污损害赔偿基金共同协商对受害人的赔偿请求额的赔偿。

但是如果与赔偿相关的协商未能达成一致，受害人可以在损害发生的 3 年内，向船舶所有人及其保险人以及船舶油污损害赔偿基金进行损害赔偿诉讼。一旦诉讼成立，船舶所有人需要根据以下程序取得责任限制。

启动责任限制程序的申请：①任何船舶或保险人的拥有人等均可向法院申请启动船东责任限制程序法规责任限制程序。限制油污损害赔偿责任。②任何根据本条第（1）款限制责任的案件（以下称"案件限制责任"）应完全属于对所在地区有管辖权的地区法院的管辖范围。且该事件造成了污染损害。③任何案件限制在大韩民国境内和专属经济区以外采取的预防措施的责任，以防止在韩国境内和专属经济区内发生损害，属于最高法院规则所规定的法院管辖。

第三节　韩国《油赔法》与国际公约相比较的不同点

一、绝对责任

在韩国《油赔法》下,就像 1992 年《民事责任公约》一样,对船舶油污染损害赔偿责任承担严格责任的登记为船舶所有人的人。通过登记为船舶所有人的人承担绝对责任,索赔人不需要证明损害是由船东的雇佣人或代理人的过错造成的。在 1992 年《民事责任公约》在事故发生时的船舶所有人,或者如果该事故系由一系列事件构成,则第一个此种事件发生时的船舶所有人,应对船舶因该事故而造成的任何污染损害负责。

当发生涉及两艘或更多船舶的事故并造成污染损害时,所有有关船舶的所有人,应对所有无法合理区分的此种损害负连带责任。但是在《油赔法》的第 5 条第 4 款和第 5 款第(4)项中规定,在韩国国民租借外籍船船油轮造成油类污染损害的情况下,该油轮的船东和租船者都应当承担损害赔偿责任。这项规定是为了保护受害者,因为 1992 年《民事责任公约》中并没有涵盖由韩国人承租的船舶,韩国政府试图通过这一规定让船舶所有人以外的实际所有人承担责任,从而完全实现赔偿。在这方面与 1992 年《民事责任公约》不同。但是,这方面的规定在法律适用上会也出现问题,所以韩国在 2013 年《油赔法》修订时,将法律适用按照《民事责任公约》的规定进行了修改,以更好地适用国际公约。

二、免责条款

在 1992 年《民事责任公约》IN 部分第 4 款中,任何承租人(任何类型的承租人,包括光船租赁人)、船舶管理人或者经营人都不得对污染损害负责,除非损害是由于他们本人有意造成的,或者是明知可能造成这种损害而毫不在意的行为或者不作为所引起的。而《油赔法》第 5 条第(5)项的规定,任何经营人或管理人不承担污染损害的责任。因此,如 1992 年《民事责任公约》第 1 条所述,受害者即使遇到过错,也不能向船舶的管理人或者经营人提出索赔。

三、船舶所有人对第三方索赔权

在第 1 条中,1992 年《民事责任公约》第 5 条描述"本公约中的任何规定都不得损害船舶所有人对第三者要求赔偿的权利"。这意味着船东有权根据责任的一般法律原则向承租人、管理人或经营人追索。但是,根据《油赔法》第5条第(6)项的规定,对油轮造成油类污染的损失,有权者有权对事故相关的第三方行使索赔权。但是,根据第(5)项的规定,上述损害,系在"盲目"或者"不作为"的情况下产生的损害。因此只限于以"盲目"或"不作为"的形式发生的情况,才能对第三方行使索赔权。

四、强制性保险的适用范围

为保护受污染事故造成的受害者,《油赔法》要求油轮的注册所有人或者光船承租人提供保险或其他财务保障。该保险是指强制性责任保险。通过禁止没有强制性保险的船只进入韩国港口,上述法律制度得到有效实施。《油赔法》第14条第4款和第5款规定受害人有权对涉及石油污染事故的船只的责任保险人采取直接行动。

《油赔法》和1992年《民事责任公约》之间最显著的差异是强制性保险的门槛吨位。在《油赔法》下,批量运输超过200吨油的船舶应按照《油赔法》第14条加入强制保险;而在1992年《民事责任公约》下,批量运载超过2000吨石油的船只才应该加入。此外,受害人有权依照1992年《民事责任公约》在韩国法院追究其合法权利。

五、允许海事联盟提出索赔

根据《油赔法》第51条的规定,船舶油污染损失赔偿保证金应当适用船舶留置权,但本条款不在1992年《民事责任公约》中。这项规定使受到石油污染的受害者在其他索赔之前恢复损失赔偿。当油污事故造成的损失金额超过1992年《民事责任公约》规定的限制时,船东能够遵守本法第41条规定的责任限制程序。《油赔法》第43条允许索赔人因石油污染而对有争议的船只行使船舶留置权。这种船舶留置权不如《韩国商法》第861条的一般海事留置权。1992年《民事责任公约》中并没有规定。根据韩国的法律,海运被视为与船主限制其责任的权利的平衡。因此,《油赔法》有意向受害者提供一种对有权限制其责任的注册所有者的保护措施。

注册为船舶所有者的人有权限制其责任。限制级别与《民事责任公约》相同。这些数字高于1976年限制基金的数字,以保护受石油污染造成的受害者,如果证明污染损害是由他的个人行为或不行为造成的,意图造成此类损害,或者明确知道这种行为可能会导致损害的发生,船东就无权限制其责任。

六、限制程序规则分开规定

登记为船舶所有者的人试图援引限制其责任的权利时,他应当向非处理案件的另一法院申请限制程序。为此,韩国此项法律又被称为船东的限制责任程序法。《油赔法》有几项特别规定,供船东援引其责任。如果法院承认开始限制的申请是合理的,法庭在 14 天内到法庭,允许申请人以现金存款的方式存入等值的债券。

第四节　韩国法对国际公约的接受程度

一、韩国对国际公约的接受类型

根据第二章的分析,三种类型的国家对油轮油污染的国际补偿制度具有较高的接受程度,这表明它们对受害者和海洋环境提供了高水平的保护。这些国家类型是:(1)面临中等漏油风险和接收有限的原油和燃料油运输的中高收入或高收入国家;(2)面临石油泄漏高风险和原油和燃料油运输受限的中高收入国家;(3)面临高溢油风险并接受大量原油和燃料油运输的中高收入国家。

对于这三种类型国家,它们的经济发展是导致高接受程度的一个重要因素,因为经济强劲的国家通常有更好的环境保护战略和更强的补偿能力,以便能够批准更多的环境条约,以保护受害者。就前两种类型而言,加入 1992 年《基金公约》是有利的,特别是对于那些面临潜在高风险但收到有限的原油和燃料油运输的国家。这是因为 IOPC 可以为受害者提供大量补充赔偿,而不会给本国内进口石油资源带来沉重的经济负担。

正如贸发会议报告中所提到的那样,即使对于原油和燃料油运输收入数量很大的国家,相关的成本效益也可能具有吸引力,因为接触油污事件的风险可能更高。①

1992 年《基金公约》要求各缔约国的每个石油进口者提供事后捐款,相当

---

① UNCTAD Report of Liability and Compensation for Ship—Source Oil Pollution: An Overview of the International Legal Framework for Oil Pollution Damage from Tankers, *Studies in Transport Law and Policy*, 2012 No.1, p.28.

于降低了总风险的百分比。[①] 这个特征类似于用于根据汇总风险分配风险的相互关系原则,从而降低个人风险。[②]

此外,由于重大油污事故的规模巨大,如果发生此类事件,可能会造成巨大的经济和环境损失。因此,从风险分担的角度来看,分配采用 1992 年《基金公约》或 2003 年《补充基金公约》所涉及的潜在高风险和经济损失是明智的。这条道路的典型案例包括保加利亚、南非、澳大利亚、比利时、丹麦、芬兰、德国、希腊、意大利、爱尔兰、日本、荷兰、葡萄牙、韩国、西班牙、瑞典和英国。与此同时,几个高风险、高收入的原油和燃料油的中高收入国家尚未加入 1992 年《民事责任公约》或 1992 年《基金公约》的国家,即古巴、美国、罗马尼亚和中国。

韩国是 1992 年《民事责任公约》和 1992 年《基金公约》的契约国家,考虑到缔约方的进口,将对前一年进口原油总量的国家的比例征收。韩国在更多国家中排名第二。自 1993 年加入 1992 年基金以来,韩国截至 2007 年共缴纳了 670 亿美元的捐款,并获得了 904 亿美元的赔偿金。

韩国作为 2003 年《补充基金公约》的签署方,考虑通过《补充基金公约》签署方对大型油污损害的措施,在订立补充基金议定书的过程中,韩国还讨论了是否加入议定书。如果加入该议定书,韩国应作为《补充基金公约》缔约方支付相当数量的捐款。是否有可能获得相当于缴纳会费的补偿成为问题。由于《补充基金公约》仅适用于额外数额被视为相对较高的票价,因此,一开始韩国也并未将其列入议定书。2008 年“河北精神号”事故发生后,是否加入补充基金成为焦点。经过激烈的讨论与利益分析,韩国政府于 2010 年 5 月 6 日加入补充基金议定书,并于 2010 年 8 月 6 日生效。

二、韩国面临的油轮泄漏风险

面临潜在高度漏油风险的韩国批准了 1992 年《基金公约》或 2003 年《补

[①]　Andre Schmitt and Sandrine Spaeter, Insurance and Financial Hedging of Oil Pollution Risk, (2004), Working Papers of La RGE Research Center from Laboratoire Recherche en Gestion et Economic (LaRGE), University de Strasbourg (France), available at:http://www.huebnergeneva.org/documents/spater.pdf.(2016.05.14)

[②]　Andre Schmitt and Sandrine Spaeter, Optimal Coverage of Large Risks: Theoretical Analysis and Application to Oil Spill, 2007, Working Papers of BETA from Bureaud' Economie Théorique et Appliquée, UDS, Strasbourg, available at http://idei.fr/doc/conf/ere/papers_2007/spaeter.pdf.(2016.05.14)

充基金公约》，尽管与之相关的财政负担沉重。因此，在韩国采用 1992 年《基金公约》的主要决定因素不是国内石油工业的财政负担是否沉重，而是油轮溢油事故的潜在风险是否很高。这可能是因为加入 1992 年《基金公约》无疑是一种预防重大石油污染事件高风险的明智方法。因为一旦发生重大溢油事故可能导致巨大的经济和环境损失。

韩国近年来沿海石油泄漏事故引起的污染也在迅速增加。此外，韩国使用的所有石油几乎都是通过海运进口的。因此，油轮漏油造成的海洋环境污染也很频繁。特别是在 20 世纪 90 年代一系列大规模油污事故给韩国造成了巨大的损失。从 1993 年至 2003 年，为防治重大石油泄漏的赔偿金额成本为 611 亿韩元，仅渔业损失赔偿就为 320 亿韩元。在同一时期，有 4304 起石油事故导致 41409 升石油泄漏。①

2007 年韩国最大的石油泄漏事件——"河北精神号"事故严重污染了瑞山市和泰安市的渔场和农场，造成游客人数大幅减少，这大大打击了旅游、住宿和餐饮等行业，也严重威胁当地居民的生计。而且从第二章，ITOPF 发布的数据来看，可见韩国也位于高油污风险区域。

三、经济发展水平

韩国作为亚洲四小龙之一，经济发展迅速。韩国是世界主要经济体之一，经济合作与发展组织（OECD）成员，亚洲四小龙之一。韩国同时也是"未来11"②国中唯一一个发达国。据世界银行的统计，韩国 2014 年国内生产总值按国际汇率和相对购买力指标计算在世界排名皆位居第 13 位③。韩国是世界第 6 大出口国和第 9 大进口国④。截至 2015 年 3 月，韩国已与包括美国、欧盟、中国在内的 52 个国家签订了 14 个自由贸易协定，其"经济领土"规模达世界 GDP 的 73.5％⑤。

自 20 世纪 60 年代，韩国根据本国的比较优势，积极参与国际分工，使经

---

① ［韩］金正秀：《海事法》，法学社会出版社 2007 年版，第 308 页。

② "未来11"（或 N-11）是高盛银行在 2005 年 12 月 12 日发布的报告中，成长潜力仅次于金砖四国的 11 个新兴市场，包括巴基斯坦、埃及、印度尼西亚、伊朗、韩国、菲律宾、墨西哥、孟加拉国、尼日利亚、土耳其、越南。

③ 该排名里世界银行按购买力平价（PPP）衡量的 GDP（现价国际元），世界银行，2015-10-09.

④ Country Comparison：Imports. Cia World Factbook. 2015-10-09.

⑤ 《韩国和新西兰正式签署自贸协定》，新浪网，2015-03-23.

济发展进入了快速发展的轨道。1962—1996 年,韩国人均国民生产总值从 87 美元增长到 10548 美元,34 年间增长了 120 余倍,创造了"汉江奇迹"。1996 年,韩国加入了有"富国俱乐部"之称的经济合作与发展组织(OECD)。亚洲金融危机时期,韩国经济受到了很大的冲击。为应对危机,韩国政府在 IMF 体制下,对企业、金融、公共部门和劳动关系四个领域进行了大刀阔斧的改革,使韩国成为东亚遭受金融危机冲击国家中最早恢复的国家。通过改革,韩国经济实现了从低级产品出口型经济向信息高科技型经济的转变,同时也增强了韩国抵御诸如 2008 年全球金融危机的能力。

韩国经济产业结构在过去的半个多世纪发生了重大的转变,农业在韩国 GDP 的比重不断快速下降。2014 年,韩国第一、第二、第三产业在国民经济中的比例分别达到 2.3％、38.3％、59.4％①。由于 20 世纪 60－80 年代韩国政府通过大力扶植大企业发展经济,大企业在韩国经济中起着举足轻重的作用。中小企业虽然在数目上占韩国企业的 99％以上,但是在韩国经济中的比重较小。2012 年,韩国十大财团的资产在韩国当年 GDP 的比重高达 85％。韩国俨然已经成为一个高收入国家,人均 GNI 从 20 世纪 50 年代初的 67 美元迅速增加到 2012 年的 22670 美元。现在是世界第 15 大经济体,韩国是发展伙伴世界银行集团和国际开发协会(IDA)的重要贡献者,该基金的建立是为了支持世界上最贫穷的国家。

韩国政府可以为医疗服务、预防流行病、清理和收集废物提供支持。韩国政府还为遭受"河北精神号"事件损害但未能从基金或船东获得任何赔偿的居民提供财政支持。

根据《"河北精神号"特别法》的决定,韩国政府宣布决定在第 41 届执行委员会期间获得中央和地方政府清理和恢复费用的最后补偿(SLQ)。1992 年基金委员会于 2008 年 6 月举行会议讨论该事故的赔偿问题。

韩国政府于 1977 年开始向国际开发协会捐款。随着韩国加强国际合作,政府增加了对国际开发协会的捐款,与世行签订了共同筹资框架协议,并设立了若干信托基金。韩国是第一个成为经济合作与发展组织(经合组织)发展援助委员会(DAC)成员的前援助接受国。韩国于 2009 年 11 月加入 DAC。韩国还担任 2010 年 G20 峰会主席。韩国在可持续发展方面的经验,为改善人民生活提供基础设施和更好的服务,以及向充满活力的知识经济过渡,提供了

①　See The World Bank In Republic of Korea http://www.worldbank.org/en/country/Korea/overview.

可以使许多其他发展中国家受益的经验教训。可以说,从经济发展水平上来看,韩国的经济实力,完全可以应对油污分摊金额。

四、财务负担

IOPC 基金的资金来源是在相关日历年内在一个成员国的港口或终端设施中收到超过 15 万吨贡献石油(即原油和/或重质燃料油)的任何实体的运费。摊款由摊款摊款人直接支付给基金。

征收的捐款取决于缔约国收进石油数量的报告,会员国政府有义务每年向秘书处提交。这些金额用作征税的基础,计算用于管理基金的款项和支付理事机构批准的索赔。但因韩国在陆地上没有石油资源,因此石油基本只依赖进口,因此进口石油量大,摊款金额高。

1992 年《基金公约》的摊款,截至 2016 年 12 月 31 日的 1992 年基金会成员国境内 2016 年(截至 2017 年 4 月 30 日到期并于 2017 年 12 月 31 日报告)收到的摊款石油数量列于表 4-3。

表 4-3

摊款前六名成员国	摊款金额	占总摊款的百分比
印度	212786573	14.01%
日本	205906105	13.56%
韩国	134160040	8.83%
荷兰(荷兰王国)[①]	121317141	7.99%
意大利	110493179	7.27%
新加坡	109097538	7.18%

从表 4-3 中可以看出,韩国在 1992 年《基金公约》的捐款仅次于印度和日本,排名第三位,相较于韩国的国土和经济来说,财务负担是非常大的。

根据 2016 年 12 月 31 日作为补充基金成员国的国家领土 2016 年(截至

---

① 荷兰、阿鲁巴、库拉索岛和圣马丁岛是荷兰王国内的自治伙伴,这一地位迫使它们直接向 1992 年基金提交摊款石油的报告。补充基金尚未扩展到阿鲁巴、库拉索岛或圣马丁岛。

2017 年 12 月 31 日报告）收到的摊款石油数量来看。韩国的摊款量更是仅次于日本，居第二位。所以通过以上影响国家接受油污损害国际制度的因素来看，韩国虽然面临严重的财务负担，但是相较于油污损害的风险，韩国还是加入了 1992 年《基金公约》和 2003 年《补充基金公约》，韩国在三个因素中考虑最大的还是面临的油污风险而不是财政负担。

第五节　韩国油类污染损害的问题点

但是韩国《油赔法》也并不完美，尤其是 2007 年"河北精神号"漏油事件后，至今很多污染损害赔偿仍未完成。韩国在油类污染损害方面也还存在以下不足之处。

1.船舶所有者的损害赔偿责任的问题点。《油赔法》对船舶所有者实行严格责任主义的原则，当油轮发生油类污染事故的时候，无论船舶所有者有无过失都要进行相关的损害赔偿。油轮发生油类污染损害的相关者，只要存在污染损害的事实，并且存在的事实与损害之间的因果关系得到认证，那么无论归责事由是故意还是过失都要进行损害赔偿保障。但是一般船舶所发生的油类污染事故，不在《油赔法》所规定的对象范围内的，按照民法上的不法行为承担过失责任。另外，船舶发生的损害有商法上船舶所有者责任限制的相关规定，商法上船舶所有者即使认定是过失，其损害赔偿也有一定的限度额，即便如此，因为商法上对船舶所有者责任限制的原因，一般船舶如果发生油类污染损害，按照商法上的规定进行处理的话，受害者就得不到很好的补偿了。针对这种情况，尤其是对于一般船舶的燃料油产生的污染损害，也应该像《油赔法》规定的那样，对船舶所有者实行严格的赔偿规定，以保护受害者的权益，该协议于 2008 年 11 月 21 日在国际上生效，在此以前，日本的船舶油污法已经将此内容进行翻译运用，韩国也应该对一般船舶产生的油类污染损害补偿加以关注并修改其《油赔法》。

2. 对油类污染损害事故的预防以及发生后的处理还不够迅速。目前韩国还没有形成有效的处理赔偿机构。根据其赔偿程序，由海洋警察所的防除主管机关首先实行初级的防治措施，然后海洋环境管理团以及民间防治团体等再进行支援以及对海上和海岸等地区采取防治措施。然而，海洋警察署下的民间团体等虽然进行支援防治措施，其防治费用却不是海洋警察署出，而是由船舶所有人的保险人（P&I）或者是国际相关基金组织承担。但是能够获得费用的机构,都是在处理完以后,根据程序来申请赔偿的。这样在一定程度上就打击了救援防治的积极性。由于资金的不足,因此很难迅速地进行处理和赔偿保障。

3. 责任限制额以及责任限制程序。根据责任限制程序法的规定,法院对于责任限制程序的审理,自责任限制程序开始后 90 天以内,对"制限债券"①进行申告。但是如果受害人很多,法院在 90 天以内,对所有"制限债券"进行调查的话,非常困难,也非常不合理。另外,船舶所有人为了责任限制程序的正常开始,需要提供责任限制额的"供托金额"②,责任限制程序申请时需要"供托保证书",而且,"供托保证书"在法院决定时必须提交"现金供托"。但是船舶所有人在责任限制程序完成以前,若加入船舶所有人与受害者通过和解,准备支付给受害人资金,则此时资金就受到了限制,以致无法迅速地补偿给受害人。

4. 对于船舶燃料油导致的污染损害赔偿的责任以及对于损害赔偿责任人的规定比 1992 年《民事责任公约》扩大后,包括了船舶所有人以及韩国国籍的租用船所有人的规定,虽然在一定程度上保证了赔偿机会的扩大,但是与国际公约产生了冲突,并且从受害人角度来讲,也不利。

5. 韩国油类污染损害赔偿保障法主要针对的是燃料油,以及加入强制保险的 1000 吨以上的船舶,但是韩国国内的其他 1000 吨以下的船舶,并没有受到保护。当这些船舶发生油类污染损害时,就很难得到保障。

第六节　改善方案和未来发展方向

通过分析,可以看出韩国油类污染损害赔偿还有很多不足之处,主要是赔偿保障不够充分,以及效率问题。所以在充分保障和效率方面提出以下改善意见:

1. 迅速赔偿补偿方案

首先要保证防除费用的预支保障,并且要规则法律化。因为前文说了,

---

①　"制限债券"即限制性债券,韩文제한증권(英文 restricted securities),本书翻译还原韩文法条原汉字,所以直接用的直译汉字。

②　韩文공탁供托,是指根据法律规定,对现金、有价证券等其他的物品到银行或者法务局、地方法务局等供托的机构代为保管,办理手续等进行提供金额保证的意思。

无论是韩国油类污染损害赔偿程序方面,还是资金效率方面,如果没有充足的预付资金,就很难开展工作,也无法确保尽快地消除和减少损失。在法律规定方面,建议需要征求各方面意见,特别是专家和参与预防治理的民间团体的意见,保证防治团体在得到国际基金保障前,有充足的资金展开预防工作。为了保证资金供应,需要以海洋环境管理法为根据,资金的缴纳等要按照具体的规定缴纳。在灾难多发地区,需要准备支援基金,用于应急准备。

2. 对责任限制程序次序的改革

首先,需要对债券申告期限以及调查期限进行延长,以便法院和责任人有充足的时间。其次,对现金供托以及合约金的减免或者免除,对供托和相关的责任限制程序法,法院在分配实施时如果可以用其他的认证方式做担保的话,可以规定免除现金供托,因为,船舶所有人如果破产无法赔偿以及保险公司在接到赔偿请求时也没有资金进行赔偿,而且又没有收到国际基金组织的赔偿的情况下,这样就没有了现金供托的必要。此外,对于责任限制程序开始前,对受害人进行协议时,需要资金,如果交了供托金,就没有足够的资金对受害人进行赔偿和补偿。在具体法律实施上,需要对分红实施的情况单独进行规定,对于供托金免除的范围也要进行具体的规定。

3. 损害补偿额预付

因为没有资金,就无法有效率地预防和阻止污染的发生和扩散。如果没有足够的资金,也无法有效地实施紧急援助,所以,需要首先给相关机构一定的预备金。

在具体实施方案上,基本上活用国际基金组织的方式,需要各大船东缴纳一定的分摊金,以保证受害人能够实施自己的请求权。这种具体措施,最好在《油赔法》的规定上有具体的体现。

韩国的《油赔法》是在其已经加入的国际公约的基础上,不断修订的适合于自己国家的法律。通过分析其内容,韩国法律不断地向国际化靠拢,但是有些方面考虑到自身的实际利益和情况,韩国法律中有很多本土化的特征。制定出符合自己本身特色的油类污染损害赔偿法律,为韩国油类污染事故的防治做出很大的贡献,但是也还有很多的不足之处,需要根据实际情况,进行调查研究,以弥补不足,更好地为国家利益服务。相比较而言,中国还没有自己的油类污染损害赔偿法律,没有形成一定的体系,也没有加入国际油污损害赔偿基金组织。所以通过分析韩国的油污损害赔偿制度,中国需要学习和借鉴,以更好地弥补中国法律的不足。

第五章　中韩船舶油污损害赔偿法律制度比较分析

第一节　中韩船舶油污损害赔偿法律制度的差异性

一、油污损害赔偿法律制度的制定和对国际公约接受程度的差异

在国内法方面,韩国在 1991 年就开始根据国际公约的内容,修订商法上关于油污损害赔偿保障方面的相关条款,并于 1992 年颁布《油赔法》,作为商法的特别法,1997 年又根据韩国加入的 1992 年《民事责任公约》和《基金公约》进行了修订。2007 年韩国"河北精神号"油污事故发生后,2008 年 3 月 14 日,国民议会制定了专门的法律,即《"河北精神号"特别法》,就此事件,让受影响地区的当地居民可以通过迅速和适当的方式获得补偿。

在国际公约方面,韩国早在 1978 年就加入了 1969 年《民事责任公约》,并于 1992 年 12 月 8 日加入 1971 年《基金公约》,在颁布《油赔法》的同时宣布加入 1971 年《关于建立国际油污损害赔偿基金的国际公约》的 1976 年议定书。在这之后,随着 1992 年《民事责任公约》的发行和生效,韩国在油污损害赔偿方面也不断地努力,在 1997 年 5 月 16 日加入了 1992 年《民事责任公约》和 1992 年《基金公约》,一年后生效。当 2007 年"河北精神号"油污事故发生时,韩国因为没有不能得到足够的赔偿,所以 2010 年,韩国加入了 2003 年《补充基金公约》。

而中国目前并没有专门的油污法,而与油污损害赔偿相关的法律散见于多个法律中,在法律适用上,都存在不少问题。另外中国大陆对国际公约的接受程度低,1992 年《基金公约》仅适用于中国香港特区。虽然中国目前并没有发生大型的油污损害事故,但是一旦发生,现有的法律不足以更好地赔偿。

韩国无论从国内法,还是加入的国际公约来说,都比中国在油污损害赔偿损害法律方面更加完善,也能够更好地处理油污事故。

二、责任主体的差异

韩国《油赔法》对于责任主体的规定：责任主体是注册为船舶所有者的人。[①] 韩国国民租用外国船舶时，把注册为船舶所有者的人和船体租用者视为本法的船舶所有者。在适用无过失责任原则的情况下，无论是否存在过失，发生油类污染事故的船舶所有者都应承担赔偿损失的责任。[②] 在这种情况下船舶所有者和承租人承担连带责任。船舶所有者的范围包括韩国国民租用外国船舶时，把注册为船舶所有者的人和船体租用者。

《油赔法》还将船舶所有人的使用人和代理人都包括在了损害赔偿的范围内，其故意或者过失造成的损害赔偿不能按照一般的过失责任主体来处理而应该按照其他的损害赔偿对象来规定。

但是在中国的法律中，对于责任主体的规定尚存在很多模糊不清的地方。船舶所有人在油污损害赔偿中属于污染者，是船舶运输活动的主体，为直接的加害人，应当对此承担赔偿责任。在光船承租人是否应当纳入责任主体的问题，笔者持着肯定的态度。因为，第一，从法经济学的角度，尽量使得油污损害相关方能够保持平衡，并且实现利益的最大化，在船舶油污损害赔偿中，如何既处罚侵权者，又保护受害人，还能对此后的船舶污染事故起到参考和指引作用，成为解决问题的关键。在实践中，光船租赁人作为船舶的实际占有和控制的人，如果将他们列为责任人，可以第一时间采取应急措施，将油污损害控制到最小。第二，从保险的角度来看，光船承租人是投保人，在损害发生后，比较方便地获得保险赔偿，从而保证有足够的资金赔偿给受害人。但是定期租船人和航次租船人则无法做到这一点。第三，从诉讼的角度来看，因为光船承租人需要进行登记，在油污事故发生时，受害人能够比较容易地确定主题来起诉。

韩国将韩国国民租用外国船舶时，把注册为船舶所有者的人和船体租用者作为责任主体的对象是为了更好和迅速地对损害进行赔偿的具有进步性的法律上和政策上的立法。另外，大韩民国的国民和船舶租赁的承租人都作为责任主体会相应减少二者在保险方面的负担，可谓一举两得。

三、赔偿范围方面的差异

《油赔法》专门针对在韩国境内和专属经济区造成的污染损害和预防措

---

① 《油赔法》第 2 条 2 号。
② 《油赔法》第 4 条 1 项正文。

施,以防止或尽量减少这种损害。其所适用的船舶"指任何建造或改装为散装货物作为货物的任何类型的任何海上船只和海运船舶,但只有在实际上能够运载石油和其他货物的船舶才被视为船舶"。运送散装货物作为货物和在运输之后的任何航程期间内,除非证明其没有散装运输油的残留物,否则不能称其为船舶。

对比中国油污损害赔偿中的相关规定,韩国《油赔法》,对被告人的国籍、地址、居住地等都没有要求,而且对于第2项中采取预防措施、防止或最小化这种损害这一点,没有地域限制,直接适用本法。[1]在缔约国的管理下,需要注意,为了保护这些国家的领海和专属经济区以外的近海的海上钻井平台、单浮标、久坐和自由游泳物种和人造岛屿的渔场(offshore installation-rigs, single buoy, fishing grounds for sedentary and free-swimming species and artificial islands)而进行的诉讼,不适用《油赔法》。适用对象是作为货物运输的持续性油类运输的油轮,其中包括驳船,以及多用船。但是,能够运载石油或其他货物的船舶应为只有当它实际上作为货物散装运输油,或者证明其在船上散装有这种油类运输的残余物时,才视为该油轮。但公有船舶被排除在外。[2]《油赔法》中油类中适用的对象仅包括持续性的油类,非持久性油类和有害物质被排除在外,《油赔法》不适用的油类,包括非持续性油类(比如润滑油)或者其他有害物质,以及HNS上规定的燃料油以及HNS公约上规定的其他油类。

而中国油污损害赔偿相关法律中对油类的规定在各个部门法中有所不同。《海洋环境保护法》对"油类物质"的范围规定,并不区别持久性及非持久性油类,并包括了动物油以及植物油在内的所有油类。《防污条例》进一步将"持久性油类"限定为任何持久性烃类矿物油,但《防污条例》中未提及非持久性油类以及燃油泄漏造成的问题,并未全面地将"油类物质"这个定义解释清楚。《司法解释》所适用的油类仅限于国际公约中规定的三种烃类矿物油类及其残余物,主要包括了油轮装载持久性油类,油轮装载的非持久性燃油以及非油轮装载的燃油。对于那些非持久性油类所造成的损害如何赔偿,立法尚未明确。

从第三章中国近几年发生的油污事故来看,流出的油类大部分是非持久性油类,按照法律规定,只能依据《海洋环境保护法》,但《海洋环境保护法》并非专门针对油污损害的,在很多方面的规定并不具体和完善。《民事责任公

---

① David w. Abecassis, Richard L. Jarashow, etc., *Oil Pollution from ships*, 2nd., ed., London, Stevens & Sons, 1985, p.204.

② 《油赔法》第46条。

约》将非持续性油类排除在外,并没有对于油类污染的无过失责任方面的规定。这就会造成在实践中,尤其是遇到非持续性油污损害时,缺乏明确法律依据的情况。另外,与韩国相比,受害人在遭遇油污损害事故中,对船舶所有人过失的认定以及因果关系的认定还有证据材料等方面的规定都比较模糊。

对于环境损害赔偿和中长期渔业损失,从第四章的论述中也可以看出,韩国法律中都有明确规定和相应的解释,尤其是对我国相对比较薄弱的清污费用和预防措施费用的规定,韩国《油赔法》规定得比较明确。我国在这方面的规定比较模糊,对于什么样的损失可以获得赔偿规定不清,在实践中,常出现无法可依的情况。

四、责任限制的差异

1. 责任限制规定的差异

《油赔法》中对油轮所有人的责任限制①对油污赔偿负有责任的油轮(包括公司无限责任的合伙人)的所有人,依据《油赔法》第 5 条第 1 款或第 2 款的规定,可以根据本法案的规定限制油污责任:但本规定不适用于因其个人行为或不作为而导致的油污损害,意图造成此类损害,或罔顾后果②任何希望根据第 1 款主要的规定限制其责任的油轮的所有人,应向法院申请启动赔偿责任限制程序。自索赔人书面申请之日起 6 个月内,《船东责任限制法》第 9 条规定的金额除外。

《油赔法》第 8 条规定了责任赔偿金额。①油轮的所有人可以根据第 7 条第(1)款限制其责任,则责任总额应如下:a.一艘油轮的账户数量为 4510000 单位,不超过 5000 吨的吨位;b.对于吨位超过 5000 的油轮,通过将每个额外的吨位超过 5000 的单位乘以该账户的 631 个单位计算的金额,相当于该计数 89770000 单位的数额,应加到第 1 项所述的数额中。②第 1 款所指的“会计单位”是国际货币基金组织规定的特别提款权,以韩元计算的会计单位应按照本条款的规定计算。

我国有关油污损害赔偿责任的规定主要体现在《海商法》第 11 章“海事赔偿责任限制”中。需要注意的是,在我国现有的制度下,船舶油污损害赔偿的责任限制制度采用的是二元制。根据《防止船舶污染海域管理条例》第 13 条的规定,航行国际航线、载运吨以上的散装货油的船舶,除执行本条例规定外,并适用于我国参加的《民事责任公约》。按照我国《海商法》的规定及《第二次全国涉外商事海事审判工作会议纪要》第 141 条的规定,凡具有涉外因素的油污案件包括我国航行国际航线的 2000 吨以下的船舶造成的油污案件都适用于《民事责任公约》的规定。按此,只有非涉外油污损害赔偿案件的责任限制适用我国《海商法》第 11 章。按照《海商法》第 11 章的规定,在船舶油污损害赔偿案件中,可以享有责任限制利益的主体是船舶所有人和救助人,其中,船舶所有人包括船舶经营人和船舶承租人。如果船舶所有人和救助人作为被保险人参与了保险合同,那么保险人也可按此享有责任限制的利益。

就责任限制额度而言,自《修订条例》和《司法解释》生效以来,油轮对油污损害的限制金额受到了很大的影响。根据《修订条例》第 52 条和《司法解释》第 5 条的规定,关于在中国管辖海域散装运输散装油的船舶造成的持久性油污损害赔偿责任限额适用于中国缔结或者加入的国际条约。可以说,1992 年的 CLC 应适用于所有散装运输油的油轮造成的持久性油污损害,无论其是否从事国际服务。鉴于油轮携带持久性石油从事沿海服务,特别是小型油轮有显著的增加。以沿海航线 300 吨的油轮为例,在新的计算系统下则达到 450 万特别提款权。另外,"燃油公约"并不打算建立单独的限制制度。因此,限制规则应遵守海商法和责任限制公约 LLR 第 210 条的规定。①

从中韩两国对责任限制的规定来看,中国采取的是二元制,在实际审判中,对于法律的适用,尤其是对于国际公约的适用,会出现很多问题。而韩国的规定则比较明确。而从责任限制金额来看,中国也分为三个部分,按照《海商法》规定的责任限制金额,按照《民事责任公约》规定的责任限制金额以及按照《交通部关于不满 300 总吨船舶及沿海运输、沿海作业船舶海事赔偿限额的

---

① 自《修订条例》和《司法解释》生效以来,船舶油污损害的限额可分为三类,具体如下:

"(a)1992 年 CLC 限制数额:

这适用于所有散装运输油的油轮造成的持久油污损害。

(b)《海商法》限制金额:

这适用于:(i)300 吨以上散装运输油并从事国际服务的油轮造成的非持久性燃油污染损害;(ii)300 吨以上散装非散装油并从事国际服务的船舶造成的油污损害;(iii)从事国际服务的超过 300 吨的非油轮船舶造成的燃油污染损害。

(c)交通部关于不满 300 总吨船舶及沿海运输、沿海作业船舶海事赔偿限额的规定限制金额:

这适用于:(i)20 吨以上的油轮因散装运输和从事国内航线而造成的非持久性燃油污染损害;(ii)20 吨至 300 吨的散货船散装运输油并从事国际航线所造成的非持久性燃油污染损害;(iii)20 吨以上散装运输非持久性油并从事国内航线的船舶造成的油污损害;(iv)散装运输非持久性油并从事国际服务的 20 吨至 300 吨船舶造成的油污损害;(v)从事国内航线的非油轮超过 20 吨的船舶油污损害;(vi)非油轮船舶从事国际航线的 20 吨至 300 吨造成的船舶油污损害。"

规定》规定的责任限制金额。

从总体上来看,韩国在责任限制方面的规定比中国要严格,而且责任限制额也比中国要高。

2. 责任限制程序的差异

韩国的责任限制程序在上一章节中有详细的介绍。韩国有专门的责任限制程序法,有具体的步骤。而我国的责任限制赔偿程序只在《海事诉讼特别程序法》第 101 条中有所规定。申请责任限制基金的责任人包括船舶所有人、承租人、经营人、救助人和保险人,并且只有在其设立油污染海事赔偿责任限制基金后,才可以取得责任限制的权利,设立责任限制基金只能在一审判决作出前提出申请。

《海事诉讼特别程序法》仅仅规定了申请海事责任限制的程序,并没有对实体的油污染海事赔偿责任限制基金作出规定。因此,当海事法院同意船舶所有人设立油污损害的海事赔偿责任限制基金之后,还存在在实体审判中,根据案件的实际情况,撤销当事人的海事赔偿责任限制基金的可能性。责任人申请海事赔偿责任限制,应该通过提起独立之诉的形式进行,即责任人申请海事赔偿责任限制可以独立起诉,也可以在债权人向其提出的海事索赔诉讼中提出申请海事赔偿责任限制的反诉。责任人即使未在其被债权人提起的索赔诉讼一审判决作出前提出海事赔偿责任限制的申请,也不能视为其放弃主张限制海事赔偿责任。海事法院审理海事赔偿责任限制申请案件,应适用民事诉讼法第一审普通程序的有关规定,并以民事判决的形式作出裁决结果。向法院请求限制海事赔偿责任应该受到诉讼时效制度的约束,申请海事赔偿责任限制的诉讼时效应为两年,从申请人被依法裁决(包括仲裁裁决)承担有关海事赔偿责任时起算。

五、强制责任保险方面的差异

韩国《油赔法》第 14 条规定:

(1)在大韩民国登记并装载不少于 200 吨散装油作为货物的油轮的船东应签订赔偿油污损害赔偿合同(以下简称为保障合同)。

(2)除在大韩民国登记的油轮外,载有不少于 200 吨散装油作为货物并进出境内港口或使用国内系泊设施的油轮的船东,应缔结保障合同。

(3)海洋水产部长官可以命令违反第 1 款的任何油轮暂停其航行和运营。

(4)海洋水产部长官可拒绝任何违反第 2 款的油轮进入或离开国内港口,或拒绝允许其使用国内系泊设施。韩国对加入强制责任保险的油轮吨数要求不少于 200 吨的,都必须加入强制责任保险,在这方面,比《民事责任公约》的要求更加严格。

《油赔法》上船舶所有人的损害赔偿责任发生时,受害人可以向船舶所有人的保险人等进行直接的损害赔偿请求。① 但是,如果是船舶所有人的故意导致损害发生时,不能向保险人等行使直接诉讼。受害人对保险人直接请求的情况只在船舶所有人对受害人主张以内的情况下才可以请求。

在我国,根据《修订条例》第 53 条的规定,在中国管辖海域航行的所有船舶的船东,除运输货物以外的货物总吨数小于 1000 吨的船舶外,应当要求保险或其他财务担保,这一要求与 1992 年《民事责任公约》和《燃油公约》相对应。然而,应该指出的是,购买强制保险所规定的适用油轮的范围比 1992 年《民事责任公约》更宽,因为只有载重量超过 2000 吨的船只,其货物应按 1992 年《民事责任公约》保持保险或其他财务担保。

对于直接诉讼,根据我国《保险法》第 50 条的规定,暗示可以诉讼,但没有明确油污受害人向保险人直接提起诉讼的可能性。对这一问题作出明确规定的是我国《海事诉讼特别程序法》第 97 条第 1 款,该条款规定"对船舶造成油污损害的赔偿请求,受损害人可以向造成油污损害的船舶所有人提出,也可以直接向承担船舶所有人油污损害责任的保险人或者提供财务保证的其他人提出"。

从强制保险和直接诉讼的情况来看,我国在强制责任保险中对油轮吨数的规定比韩国要宽松很多,而对于保险人的直接请求和诉讼,中韩两国都有规定。

六、对国际法的法律适用的差异

韩国在其《油赔法》中对《民事责任公约》《基金公约》《燃油公约》的法律适用有明确的规定,相比之下,我国在对国际公约的法律适用上,则出现了很多问题。

韩国在对国际公约的适用上基本采用内外统一制,而我国在船舶油污损害赔偿中则采用内外二元制,非涉外案件目前都无法与国际接轨。

与韩国相比,我国法律的规定很多不具有操作性,致使在实践中,尤其是中国法院在审理油污案件时候,在是否可以直接使用国际公约的问题上,出现了很多问题。

---

① 《油赔法》第 16 条第 1 款。

第二节 韩国船舶油污损害赔偿制度给中国的启示

一、责任主体

在韩国《油赔法》第 2 条第 4 款中,对于国籍为其他国家,但是船舶所有人属于韩国国民的船舶租赁人的情况,登记为油轮船舶所有人的人以及船舶租赁人都是该法中规定的船舶所有人。因为拥有其他国籍的韩国国民,作为船舶租赁人,与规定的建造中的船舶所有人不同,其实际掌控该船舶,所以应当被作为船舶所有人。在船舶油污责任主体的规定中,中国在这方面的规定还有很多的问题。因为各个法律规定的不一致,而且缺乏明确的概念和司法解释,由此造成的实践中的法律判例有失公正,这也不利于航运业的发展。

中国可以借鉴韩国的做法,并根据中国的实践经验,将船舶油污损害赔偿制度的第一责任主体确定为船舶所有人和保险人,但是其中船舶所有人应当包括光船租赁人。

将船舶所有人作为油污损害赔偿责任主体毫无争议。将光船租赁人纳入船舶油污损害赔偿责任主体的范畴是因为,光船租赁人往往实际掌控船舶,将其纳入船舶油污损害赔偿责任主体的范围内,除了鼓励其更好地采取措施来预防油污损害事件的发生外,还能在船舶油污损害事件发生时,第一时间采取有效措施,将污染缩减到最小的范围内。相比较于船舶管理人和经营人,光船租赁人是通过登记的,所以在受害人的诉讼中,能够很明确和方便地找到,从而更有效地获得赔偿。但是关于船舶管理人以及经营人,在实践中,船舶经营人和管理人往往没有登记,也经常不能实际掌控船舶,如果将其纳入责任主体的范畴,意义并不大。

二、赔偿范围

韩国在油污损害赔偿范围中,对地理范围,对于船舶和油类以及污染损害的定义都比较明确。但是在中国现有法律中,对于油污损害的赔偿范围,尤其是对船舶和油类并没有明确的定义,虽然《最高人民法院关于审理船舶油污染赔偿争议案件若干问题的规定》第 31 条对船舶进行了解释。但是关于海上移动设备和钻井平台的相关解释,学界和法律界尚未形成统一的看法,需要法律进行明确的定义。

在对于油污损害的范围的确定中,对于环境污染损害、中长期经济损失并没有明确的范围规定。在环境污染损失费用方面,对陆上和海上污染清除费用、救济和预防措施的费用都没有明确规定。其中清理的困境是目前所面临的最大的困难。

由于中国油污赔偿制度的缺陷,中国水域发生的中小型油污事故清理队伍的清洁费用很难获得赔偿,或者得不到足够的补偿。中国目前建立的应急中心尚未处理过大规模的漏油事件。当出现紧急情况时,通常的做法是非专业组织临时组织起来参加政府指挥的应急系统,之后就解散。在中国石油污染事故处理实践中,清理公司往往处于一个非常尴尬的境地:按照海事部门的处理程序,在过程中不向清洁公司提供任何形式的资助。在市场经济体制下,清理公司需要自筹资金,独立核算,一旦清理费用有事后风险,他们的清理活动,支出和效果将大大降低。对于污染清除成本的责任归属也存在很大的争议,在中国水域发生船舶溢油事故后,污染通常会由船东(或其他负责油污事故的人员)或其他被委托人员清除或清理,或者由海事部门强制予以清除。

中国应该借鉴韩国的做法,将预防和清理费用单独列出来,另外对于油污导致的环境损害和生态损害也应该明确规定。首先要保证预防费用的预支保障,并且要规则法律化。因为无论是油类污染损害赔偿程序方面还是资金效率方面,如果没有充足的预付资金,就很难开展工作,也无法确保尽快地预防和减少损失。在法律规定方面,建议需要征求各方面的意见,特别是专家和参与预防治理的民间团体的意见,保证防治团体在得到中国油污损害赔偿基金保障前,有充足的资金展开预防工作。为了保证资金的供应,需要海洋环境管理法为根据,居民以及资金的缴纳等都要有具体的规定。另外,在灾难多发地区,要准备支援基金,用于应急准备。

三、责任限制

随着中国航运业发展的日趋成熟,建立并完善船舶油污损害赔偿制度已成为社会各界的共识,其中包括尽可能实现船舶油污损害赔偿限额的执行模式与国际接轨,变"双轨制"为"单轨制"。

韩国是随着社会的发展不断提高责任限额的。中国自《海商法》中对海事责任赔偿限额确定了相关标准后就再也没有对这一限额进行过修改。2010年10月1日起生效的《船舶油污损害民事责任保险实施办法》,作为一个指导未来实践的部门规章,仍采纳7年乃至17年前的责任限制,过于保守。我们的责任限制则十几年不变,实在耐人寻味。对此,笔者认为中国应当结合国内油污损害实际状况,在一定程度上适当地提高赔偿限额。现在直接与国际赔偿限额水平接轨显然超出了中国大多数船舶及保险方的承受能力,因此对责任限额应持慎重态度,逐步推进,短时间内不宜大范围提高。同时不仅应该考虑到中国现阶段航运业和石油业存在的困难,也要考虑到油污受害方的利益和对自然环境的影响。在责任限额提高这一问题上,应学习韩国,逐步与国际接轨,结合近年来中国物价上升幅度,在将来条件具备时适当提高责任限额,从而更好地保护受害方的利益。

对于责任限制的丧失,韩国《油赔法》第 5 条第(5)项规定,任何经营人或管理人不承担污染损害的责任,没有任何豁免条款。也就是说,受害者即使遇到过错,也不能向船舶的管理人或者经营人提出索赔。中国并没有加入《1976年海事赔偿责任限制公约》,而是在《海商法》中规定,责任人在以下两种情况丧失责任限制:一种是责任人的故意行为,另一种是责任人明知可能造成损害而轻率地作为或者不作为。但是在中国的立法中,责任人的具体范畴没有明确的规定,应该学习韩国进行明确的规定。在实践中,对于承担丧失责任限制举证责任如何完成也存在较大的争议。立法中也应该明确加以规定。

四、强制责任保险

中国目前在油污损害强制责任保险方面还存在着现有责任保险承保机构的承保范围过小和第三人的利益得不到保障等问题。

韩国《油赔法》规定:"200 吨以上载运散装油类货物的具有韩国国籍的船舶所有人应当签订油污损害赔偿保障合同,否则将被终止航行。200 吨以上的外籍油轮出入韩国港口或者使用韩国港口的系泊设施的油轮的所有人应当签订保障合同,否则将被拒绝进出韩国港口或者不被允许使用韩国港口系泊设施。"根据这一规定,中国 200 吨以上的油轮出入韩国港口或使用港口的系泊设施如果没有强制保险或其他财务担保证书就需要签订保障合同,否则将被禁止驶入港口。但是,根据中国《防污条例》第 53 条的规定,在中国海域范围内航行的油轮都必须投保船舶油污民事损害强制保险,同时将非油轮的船舶强制保险的门槛下移至 1000 总吨的规定,虽然基本包含且超越了 1992 年《民事责任公约》及 2001 年《燃油公约》的范围,但是中国目前的情况是,1000吨以下的小型油轮仍然占绝大多数,而且是发生漏油事故的主体。建议对于吨位 1000 吨以下的船舶和内河运输的船舶也应当设立相应的强制保险制度,将强制责任保险制度逐步覆盖到所有的船舶。但是对于具体的保险金额应当在船东的承受能力、保险公司的可接受性、赔偿的实际要求中寻找一个适当的平衡点,分清层次,循序渐进,逐步与国际接轨。

五、责任限制程序

中国责任限制程序面临实践与法律不符的尴尬境地。根据《海事诉讼法》第 101 条第 3 款的规定,设立海事赔偿责任限制基金的案件可以分为两类:一类是诉前提出申请,另一类是诉讼中提出申请。但是提出申请不等于设立。按照中国法律的规定,法院需要在裁定前,进行实体审查,而从提出申请到最终裁定,至少需要 2 个月以上的时间。[①] 这么长的时间,对船东来说是非常不利的。[②] 在实践中,船东往往采取及时提供海事担保的办法。所以诉前申请责任赔偿限制基金,缺乏在实践中的现实性。在中国,在诉讼中申请责任限制基金,也很难行得通。因为在实践中,基金并不能涵盖所有的事实诉讼请求,虽然基金已经设立,但是法院为了谨慎行事,一般拒绝释放船舶或担保。中国虽然规定责任人可以申请设立基金的程序,但是没有规定海事赔偿责任限制诉讼的程序。所以笔者建议中国学习韩国,尽量缩短油污损害赔偿责任限制程序的审查时间,设立责任限制赔偿基金程序,并遵守以下基本原则:单独设立海事赔偿责任限制诉讼程序,并且该诉讼程序应当独立于产生海事诉讼索赔请求的诉讼之外。在诉讼之前,首先解决责任人能否享受责任限制权利的问题。

申请步骤也可以参照韩国,在责任限制程序上根据:(1)申请和管辖;(2)初步审查和受理;(3)法院通知和公示;(4)异议和开庭;(5)判决和上诉;(6)设立基金和其他程序的中止;(7)登记债权和债权清偿等步骤,按照程序进行。

六、油污损害赔偿基金

韩国对于突发大型油污损害事故制定的特别法可以给中国以启示,首先对国际公约的接受程度,韩国跟中国一样,同样属于中高等收入国家,进口大

---

① 关正义:《关于设立海事赔偿责任限制基金程序的有关问题》,载《中国海商法年刊》2002 年卷,大连海事大学出版社 2003 年版,第 308 页。

② 因为,如果船舶所有人选择诉前申请责任限制基金的方式来防止或者解除其船舶或者其他财产扣押,可能出现的结果是:(1)虽然船舶未被扣押,但是船舶至少两个月不能再在被扣押的港口上岸,船舶航行区域和时间受到严重限制;(2)船舶已经被扣押,那也需要至少两个月时间才能获许设立基金。这两种结果对船东都非常不利。

量石油,以及面临高漏油风险,中国不愿加入1992年《基金公约》,主要原因是如果中国加入,将向1992年《基金公约》缴纳巨额摊款,韩国作为一个面积不大的国家,对1992年《基金公约》摊款却居世界第三位,对2003年《补充基金公约》的摊款居第二位。韩国所考虑的是油污带来的风险,而非财务负担。中国是1992年《民事责任公约》和2001年《燃油公约》的缔约方,而1992年《基金公约》和2003年《补充基金公约》目前只适用于香港特别行政区。中国政府认为现在还不是加入1992年《基金公约》的适当时候,因为1992年国际防止自由基金会基金的任何捐款可能远远大于污染事件后所获得的利益。但是,人们已经意识到,中国有可能因为迅速增加的海洋石油运输工业和海洋运输的发展而增加船舶油污事件的风险。中国政府决定不再加入1992年《基金公约》,而是建立国内赔偿基金,为中国的石油污染受害者提供补充补偿。中国油污损害赔偿基金的成立对油污受害者的赔偿有着显著的积极影响。污染受害者不但可以获得额外的补偿,而且还可以对船东油污损害实行双重赔偿制度。但在中国国内赔偿制度下油轮所造成的污染损害最高赔偿额仍远低于1992年《民事责任公约》和1992年《基金公约》规定的最高赔偿额。所以建议中国可以借鉴韩国,是时候考虑加入1992年《基金公约》了。

2007年韩国"河北精神号"溢油事故发生后,韩国制定《"河北精神号"特别法》,设立了300亿韩元的紧急救援资金,为保障油污损害的继续扩大和保障受害人的利益起到了很大的作用。但是在中国船舶油污损害赔偿案件中,诉讼周期一般要经过两年左右,时间长,负责应急和清污单位往往要垫付大量的费用,这大大打消了他们的积极性,不利于油污损害的处理。另外,中国油污损害赔偿基金也主要实行事后补偿,虽然将应急处理费用列为第一受偿顺序,但是仍然不能从根本上解决中国溢油应急反应中资金不足的问题。

因此中国可以借鉴韩国,在中国船舶油污基金中划分两个基金账户——"应急基金"以及"普通基金"账户。"应急基金"账户专用于为海上船舶溢油污染事故的应急反应提供足够的资金支持,以体现船舶油污损害赔偿基金的"先行支付的"功能。"应急基金"与"普通基金"账户间相互补充,当"应急基金"发生短缺时,允许"普通基金"进行适当和合理的补充。

七、对国际公约的接受程度

韩国不仅国内有自己的《油赔法》在法律适用还有赔偿方面比较完善。而且加入了《民事责任公约》《燃油公约》《基金公约》以及《补充基金公约》,因此在法律方面更加完善,在赔偿保障方面,不但可以获得国内保障,而且一旦发生事故,比如像 2007 年发生的"河北精神号"事件,韩国可以得到更充分的补偿。不仅有利于迅速恢复受油污染的环境,受害人也可以获得更加充分的补偿。多重保障,也有利于减少事故的发生。

中国目前只加入了《民事责任公约》和《燃油公约》,而《基金公约》只对中国香港特区适用。就目前中国油污损害的风险程度和中国的经济发展水平来讲,一旦发生大型油污事故,中国将无法得到充足的赔偿。中国是否应该考虑加入《基金公约》,以更好地保障发生油污损害后,得到充足的补偿。

第三节　小结

作为同样面临高风险溢油事故的韩国,在船舶油污损害赔偿法方面有很多值得中国学习和借鉴的地方。在船舶油污损害赔偿责任主体方面,明确船舶所有人的赔偿责任主体地位,并且建议将光船租赁人纳入油污损害赔偿责任主体的范畴。在油污损害赔偿范围方面,将船舶、油类、赔偿范围进行明确的定义和区分。另外,对于环境损害赔偿、预防费用等也需要明确规定。在责任限制方面,中国在油污损害责任限制额方面需要根据中国目前的经济状况进行调整,尽快与国际接轨。在责任赔偿程序方面,应该完善油污损害赔偿基金程序和诉讼程序;在强制责任保险方面,因为中国大多数为中小型油轮,还需要对 1000 吨以下的船舶进行法律规定。在船舶油污损害赔偿责任基金方面,虽然中国已经建立起自己的船舶油污损害基金,但是赔偿额远远不能满足现实的需要,所以建议中国是时候考虑加入国际油污损害赔偿基金了。中国油污损害赔偿基金也存在自身的很多不足之处,尤其是在应急基金方面,中国可以借鉴韩国建立两个基金账户,应急基金与普通基金相互补充。

第六章　建议和结论

第一节　建议

在油污损害赔偿制度中,主要有两种国家。一个是没有参加相应国际公约的国家,例如美国。另一个是参加相应国际公约的国家,如韩国、加拿大等。由于中国参与了 1992 年《民事责任公约》,目前应该改善中国的油污损害赔偿制度。通过以上论述,笔者有三个可行的具体建议:

第一种方法是考虑加入 1992 年《基金公约》。

第二种方法是参照美国和韩国的做法,制定一项名为《沿海运输油污损害法民事责任法》的油污赔偿法,并获得中国船舶油污损害赔偿基金的支持。

第三种方法是修订现有的海商法,将船舶油污损害赔偿单列一章,进行明确规定。

具体哪种方法适合中国目前的情况呢。根据本书第二章中影响国家接受油污损害赔偿制度的因素,先分析一下中国的情况。

首先,从接触油污事故的风险来看,根据第三章中所述的,中国目前沿海油污损害情况可以看出,中国目前面临油污损害的高风险。

近年来,中国污染事件增多,主要原因是中国经济迅速增长,以及航运业的发展。这些事件也包括来自非油轮造成的燃油泄漏。这可能造成严重的环境破坏和渔业索赔。随着中国船舶吨位的快速增长,特大型船舶溢油事故的危险频发。

其次,从财务负担上来看,贸发会议报告中提出的最后一项考虑是与遵守有关国际公约有关的财务负担。这是因为 IOPC 基金会成员国中任何一个已经收到总计超过 15 万吨的石油的海上运输到该国境内的港口或码头设施的石油,应该向国际劳工大会每年缴纳一次基金。总的来说,这个贡献与原油和燃料油的进口成正比。2003 年《补充基金公约》规定了最低推款标准。根据 2003 年《补充基金公约》第 14(1) 条的规定,最低年收入为 100 万吨。在收到的石油总量少于 100 万吨的情况下,要求缔约国承担 100 万吨石油与石油接收方实际出资额之间的差额。

目前不是 1992 年国际油污基金会成员国的国家的基金的财务负担是通过进口包括原油和燃料油在内的石油来衡量的。这可以提供一个粗略的指标,使用原油和燃料油进口来衡量财政负担有两个限制。第一个限制是,根据 1992 年《民事责任公约》第 10 条第 1 款的规定,可能包括从国外运来的石油和从同一个国家的另一个港口运来的石油。第二个限制是,由于要求缴纳最低数额,因此不考虑每年向补充基金缴款。这将会给他们带来财政负担,或者可能会被放在一个国家的石油进口商身上。从财务负担来讲,中国石油进口量巨大,分摊的金额也比较大,可能会面临比较重的财务负担。

但是从经济发展水平上来看,根据"世界发展指标",每年 7 月 1 日,根据前一年人均国民总收入(GNI)的估计值对世界经济进行分析分类。截至 2016 年 7 月 1 日,低收入经济体定义为按 2015 年世界银行阿特拉斯法计算的人均国民总收入为 1025 美元或更少的国家;中低收入国家的人均国民总收入在 1026 美元和 4035 美元之间;中上等收入经济体的人均国民总收入在 4036 美元和 12475 美元之间;高收入经济体的人均国民总收入为 12476 美元或以上。最新的人均国民总收入估计数也被用作世界银行确定贷款资格的业务准则的输入数据。"十八大"以来,中国人均国民总收入(GNI)大幅增加,不断迈上新台阶。根据世界银行公布的收入分组标准,2010 年我国实现了由中等偏下收入水平到中等偏上水平的重大跨越,人均 GNI 相当于中等偏上收入国家平均水平,从 2012 年的 84.5% 提高到 2014 年的 93.7%。

中国人均 GNI 与世界平均水平的差距也大幅缩小,相当于世界平均水平的比例由 2012 年的 56.5% 提升到 2014 年的 68.6%,缩小了 12.1 个百分点。在世界银行公布的 214 个国家(地区)人均 GNI 排名中,中国由 2012 年的第 112 位上升到 2014 年的第 100 位,前进了 12 位。2012—2014 年,中国人均 GNI 年均增速达到 7.3%,远高于世界平均增长水平及高收入国家增长水平。

中国经历了从中央计划经济向市场经济转变的高速发展时期。今天,中国是一个发展需求复杂的中等收入国家。根据第二章提到的三种接受程度高的国家模式:

(1)面临中等程度的漏油风险和接受有限的原油和燃料油装运的中等或高收入国家;

(2)面临高溢油风险和接受有限的原油和燃料油运输的中高收入或高收入国家;

（3）面临高溢油风险，接受大量原油和燃料油运输的中高收入国家。

对于这三种模式，其经济发展水平是导致高度接受程度的一个重要因素，因为经济强国通常拥有更好的环境保护战略和更强的补偿能力，使更多的环境条约获得批准，从而保护受害者和海洋环境。就前两种类型而言，加入 1992 年《基金公约》是有利的，特别是对那些面临潜在高风险但获得有限的原油和燃料油运输的国家。这是因为国际油污损害赔偿基金可以为受害者提供大量的补充性补偿，而不会给造成漏油危害的国内船东造成沉重的经济负担。然而，值得注意的是，虽然面临沉重的财政负担，但是面临溢油风险高的大多数中上层国家或高收入国家批准了 IOPC 基金公约。换句话说，对于中高收入国家来说，采纳 IOPC 基金公约的主要决定因素不在于国内石油工业的财政负担是否沉重，而在于油轮的潜在风险溢出事件很高。这可能是因为加入 IOPC 基金公约无疑是转移重大石油污染事件的高风险的明智方法，可能避免巨大的经济和环境损失。

然而，由于受中高收入，高风险的溢油事件的影响，财政负担可能较高，中国只是加入了 1992 年《民事责任公约》和《燃油公约》，没有加入 1992 年《基金公约》和 2003 年《补充基金公约》（目前只有香港特别行政区加入），那么中国的国内立法，是否能够为受害者提供更有力的保护？

一、加入 1992 年《基金公约》

中国是 1992 年《民事责任公约》和 2001 年《燃油公约》的缔约方，而 1992 年《基金公约》和 2003 年《补充基金公约》目前只适用于香港特别行政区。

中国政府认为现在还不是加入 1992 年《基金公约》的适当时候，因为 1992 年国际防止自由基金会基金的任何捐款可能远远大于污染事件后所获得的利益。但是，人们已经意识到，中国有可能因为船舶油污事件的风险而迅速增加海洋石油工业和海洋运输的发展。所以中国政府决定不再加入 1992 年《基金公约》，而是建立国内赔偿基金，为中国的石油污染受害者提供补充补偿。中国油污损害赔偿基金的成立对油污受害者的赔偿有着显著的积极影响。污染受害者不但可以获得额外的补偿，而且还可以对船东油污损害实行双重赔偿制度。但中国国内赔偿制度下油轮所造成的污染损害最高赔偿额仍远低于 1992 年《民事责任公约》和 1992 年《基金公约》规定的最高赔偿额。

　　如上文所述,大部分面临溢油风险和接受大量原油和燃料油运输的高收入国家都加入了 1992 年《基金公约》。对于中高收入国家来说,采纳 1992 年《基金公约》的主要决定因素并不是国内石油工业的财政负担,而是油船溢油事故的潜在高风险。这可以归因于这些国家通过 1992 年《基金公约》获取更强的补偿能力和更好的保护战略。

　　但是,随着经济的快速发展,2010 年以来中国已被列为中高收入国家。同时,随着对进口石油依赖度的不断提高,中国的潜在油污风险也越来越高。然而,与大多数中高收入国家相反,中国将贡献成本作为是否接受 1992 年《基金公约》的主要决定因素,而不是接触油轮溢油事件的潜在高风险。如上所述,中国不愿意参加 1992 年《基金公约》的主要原因是它认为对 1992 年《基金公约》的捐款可能远远大于污染事件后获得的收益。如果中国海域没有发生重大油污事件,这似乎是有道理的。但是,不能保证近期内中国海域不会出现这种重大的油污。相反,随着石油进口的不断增加和石油运输业的快速发展,中国可能面临更大的石油污染事件的风险。重大溢油事件的特点是频率低,但可能造成重大后果,包括财务损失和不可逆转的生态损失。因此,如果发生这样的灾难,可能会造成巨大的损失,并且中国油污损害赔偿基金提供的赔偿将不足以弥补损失。侵权法的首要目标是对由他人造成的受害者或伤害给予赔偿。从功能角度来看,1992 年《基金公约》将受害者保护和赔偿作为首要任务,具有相对较高的赔偿能力,包括重大石油污染事件,并能更好地达到补偿目标。换句话说,加入 1992 年《基金公约》可以长期为石油污染受害者和海洋环境提供更大的保护。

　　除此之外,可以清楚地看到,不可预见的风险是可以发生的,尽管不确定性可能是真的。因此,应分散风险以及潜在的经济损失,在多个补偿体系上。1992 年《基金公约》会呼吁各缔约国的每一个受油国的收油量相应于总体风险的百分比。因此,个别风险通过将风险分散到一些缔约国而减少,这与相互性原则类似。此外,溢油成本还取决于许多因素,如石油类型、泄漏的位置、受影响地区的特点以及泄漏量。尤其是,经济的强劲发展可能会导致在发生事件时索赔的数量和数量都有所增加,例如渔业和旅游部门的索赔日益增加。从风险分担的角度来看,加入 1992 年《基金公约》可能是为受油污损害的受害者提供长期补偿的明智办法。

　　鉴于中国在 2010 年之前还没有在中高收入国家中占有一席之地,建议采取联合办法是为中国石油污染受害者提供补充赔偿的更好选择。加入 1992 年《民事责任公约》,这个公约与赔偿额度相对较高。相对有限的金融风险,可以给石油污染受害者提供更强有力的保护。与此同时,国内赔偿基金可以涵盖国际制度之外的石油污染损害。

中国油污损害赔偿基金的建立对中国船舶油污损害的补偿起到了显著的积极作用。不但可以使污染受害者获得额外的补偿,而且还可以形成油污损害的双重赔偿制度,在这种损害下船东与受油者分担经济负担。

《船舶油污损害赔偿基金使用管理办法》与 1992 年《基金公约》基本上是一致的。除了国际上的解决办法外,国内一些补偿污染损害的办法也证明是可行的,例如加拿大和美国的国内补偿金。不过,加拿大也是 IOPC 基金公约的成员。如果 IOPC 基金公约的赔偿金不足,国内基金将提供额外的赔偿,还包括国际制度未涵盖的石油。纯粹的国家制度的一个缺点是,该国必须承担重大石油污染事件的全部财政负担。另外,在国际制度下,重大石油污染事件的风险和财务损失分散在众多石油进口者身上。他们为 IOPC 基金公约作出重要贡献。

总而言之,与纯粹的国家补偿制度相比,加入 IOPC 基金公约,石油公司的财务负担相对有限。同时,IOPC 基金公约可以为中国的污染受害者提供更有力的保护,特别是在发生重大石油污染事件时。如今,由于石油进口量的不断增加和石油运输业的快速发展,中国可能面临更严重的石油污染事件。因此,中国参加 1992 年《基金公约》也许是时候了。但是,中国油污损害赔偿基金具有更广泛的适用范围,还需要涵盖国际制度未包括的油污。因此,虽然不能否认中国油污损害赔偿基金的成立带来的好处,但是现在中国更适合建立一个联合体制,IOPC 基金公约为持有大量运载持久性油类的海上油轮造成的油污事故溢油造成的污染损害提供补充补偿,而国内赔偿基金为 IOPC 基金公约未涵盖的其他油污损害提供补充赔偿。

二、制定新的油污赔偿法

如果中国不加入 1992 年《基金公约》,随着对原油的日益依赖,海上设施等其他来源造成的海洋石油污染损害问题也变得比以往更加严重。中国国内立法中没有关于海上设施造成的海洋石油污染损害赔偿的具体规定。如果制定法律的第一种方法不适合调整中国的发展,那么中国需要考虑第二种方法来制定一项名为《沿海运输油污损害法民事责任法》的法律,但辅助以中国船舶油污损害赔偿基金的支持。此外,也需要将船舶污染海洋环境应急防御方案和应急处理管理规定相结合。

在具体方案中,要牢记保护环境,防止污染,参照中国参与的国际公约和航运业的发展状况,油污损害赔偿制度的原则至少应包括主题油污赔偿、责任原则、责任限制、强制责任保险、中国油污赔偿基金的完善等方面,确认能够代表国家进行索赔的政府机构和部门,完善针对保险公司的直接诉讼制度的实体法。以下是制定《专业油污损害责任法》的明显优势:

(1)它可以强调船舶油污损害制度的特点,并在与民法的关系中,构成法律与基本法的特殊关系。由于特殊法律优于普通法,特殊法律在船舶油污损害案件中具有优先权。

(2)推动《船舶油污损害专项赔偿法》的制定。学者们大多是海事法学者,他们在研究石油污染损害赔偿制度。此法可以更加关注国际公约的内容。因此,也将更接近国际标准。

但这种方法,也有很大的缺陷:

(1)单独制定一部法律,不仅立法成本太高,而且新法律的制定远不止现有法律要求的准备,而且审批程序更长。

(2)如果颁布单一的船舶油污损害赔偿法,中国将面临是否对其他有毒有害物质造成的污染制定损害赔偿法的问题。

由于中国目前的情况,在短期内,很难制定专门的法律。但在未来,随着中国经济的发展,需要参考韩国、美国和加拿大等国家,制定特殊的油污损害赔偿法。

三、修订现有的《海商法》中关于船舶油污损害赔偿的规定

从以上分析我们可以看出,由于中国目前的情况,在短期内,很难制定专门的法律。在第二章的基础上,与韩国法律和船舶油污损害赔偿分析国际公约相比较,中国需要对船舶油污损害赔偿法进行专项调整。必要的时候,需要将船舶油污损害赔偿单独拿出来,作为一个章节来规定。

具体而言,根据上文从韩国油污损害赔偿中得出的启示,中国船舶油污损害赔偿法律建议如下:

1. 适用范围的具体化,尤其是对中国管辖海域以及与海相同的可航水域发生的船舶污染损害,以及包括为防止或者减轻损害而采取的预防措施。对船舶发生的油污损害赔偿以及海上其他设施造成的油污损害也都需要有所规定。

2. 对用语含义具体化,包括船舶、油类、污染损害、预防措施。

3. 将船舶所有人的责任主体规定及船舶所有人的免责事项具体化。赔偿责任的主体应该包括光船租赁人,事故发生时的船舶所有人应当对污染损

害负赔偿责任。事故包括一系列事件的,第一起事件发生时的船舶所有人应当对污染损害负赔偿责任。当事故涉及两艘以上船舶造成油污损害的,受害人请求各漏油船舶所有人承担赔偿责任,按照漏油的数量及对环境污染的损害以及其他因素等综合合理分开承担责任,不能合理分开承担责任的,由各船舶所有人承担连带责任,但是船舶所有人免责的情况除外。各漏油的船舶所有人对受害人承担连带责任的,相互之间根据各自责任的大小来确定赔偿金额,不能确定责任大小的,平均承担赔偿责任。船舶所有人支出超过自己应当赔偿的数额的,有权向其他船舶所有人追偿。船舶碰撞造成的油污损害,漏油的船舶所有人应当承担污染损害赔偿责任。依据船舶所有人责任限制和免责,不需要赔偿的除外。

4. 对赔偿范围具体化,尤其是对清污费用、油污导致的财产损失、渔业资源和海洋环境资源损失、纯经济损失等都要进行具体化的规定。

5. 对责任限额的规定,笔者建议船舶油污损害赔偿制度以低溢价、低贡献、循序渐进,直至达到国际公约的标准和限度为宜。但必须有最低责任限额,否则受害者的损失将不予赔偿。

如果油污事故是由国际航行船舶与沿海船舶相撞造成的,那么各方应根据适用法律确定责任限额。根据中国碰撞法的一般原则,责任限额仅适用于双方主张之间的差异。当连带责任超过赔偿的比例,并从其他部分获得赔偿时,由于责任的限制,当基金的责任不足以补偿时,差额部分由基金补充。建议,船舶载运散装持续性油类造成污染损害的,对任何一次事故的损害,按照下列规定计算责任赔偿限额:

(1)5000 总吨以下的船舶,赔偿限额为 4510000 计算单位;

(2)5000 总吨以上的船舶,5000 总吨以下部分适用前款规定,5001 总吨以上部分,每增加 1 吨,增加 631 计算单位,但是赔偿责任限额在任何情况下不超过 89770000 计算单位。

6. 对责任限制基金的具体规定。责任限制基金以现金的方式设立的,基金数额按照相应的法律规定限额,再加上事故发生之日起至基金设立之日止的相应利息,以担保方式设立基金的,还应当包括基金设立期间的相应利息。

责任限制基金应当在污染损害赔偿请求人直接按照其确定的损害赔偿额按照比例进行分配。在这里应该保证相关部门采取预防措施费用的分配以及因预防措施而造成进一步灭失或者损害的费用,应当与其他油污损害赔偿请求在基金中处于同等地位,甚至优先地位。

7. 船舶登记所与人应当对油污损害进行责任保险或者提供财务保障。强制保险额度和财务保障的数额,笔者认为应根据船舶的吨位设定不同级别的保险等级和责任限额。因此,建议在油污损害赔偿制度中增加相应的内容。首先,船舶所有人必须为国际航线投保或获得财务担保。其次,建立统一的保险配额,使沿海油轮的最小数量不超过 500 吨。再次,建立内陆油轮最小量不超过 200 吨的统一保险配额。最后,增加保险人直接起诉责任的条款。

8. 专门设立对非持续性油类和燃油造成污染损害的规定。

9. 增加对中国油污损害赔偿基金规定的具体化。具体而言,应包括以下几个方面:COPC-FUND 的赔偿范围、赔偿数额。此外,也需要完善中国的船舶油污损害赔偿基金制度,尤其是对油污基金制度和管理措施、使用油污基金的原则,收购油污基金、基金的评估和赔偿限额等方面作具体的规定和完善。

10. 增加和具体化法律适用的规定。对船舶油污损害赔偿事故而言,非涉外案件,适用于我国《海商法》的规定,其他部分适用《民法通则》《海洋环境保护法》等;涉外案件,如果中国法没有规定,或者中国法的规定与中国参加的国际公约规定不一致时,应当适用国际公约。

第二节　结论

经过以上分析,本书得出以下结论:

(1)本书对现有文献做出贡献,不但回顾了补偿制度法律框架的基本理论,而且解释了对油轮油污损害国际油污损害赔偿制度的不同态度。根据这一理论,弄清楚并解释那些国际制度接受程度较高的国家(即接受 1992 年《基金公约》或 2003 年《补充基金公约》)的国家的模式。

法律理论是法律制度的基础和指南,因此,如果我们只是简单地讨论法律理论来运作法律制度建设,那么制度建设就会没有方向地误入歧途,就像没有源头的水和没有根源的树一样。在分析油污法律制度的法律理论层面的基础上,阐述了制度价值,共同促进实践中油污损害赔偿事业的有效有序发展。因此本书拿出两个国家案例进行比较分析,对接受程度高的韩国的国家模式与接受程度不高的中国的国家模式,在法律制度规定上做了比较分析,找出其异同点,及接受程度高的韩国对中国船舶油污损害赔偿制度的启示。

（2）建立船舶油污损害赔偿制度对提高补偿能力具有显著的积极作用。韩国为接近国际标准。韩国政府集中精力制定关于各种类型索赔的详细评估标准的法律，遵循基金评估的一般标准，以便进行公平的赔偿。因此，包括政府官员在内的所有相关组织都需要接受彻底的教育和培训，还组建和培训了一批韩国专家，以便为溢油事故造成的损失提供适当的证据。韩国已经加入补充基金，无须担心责任限额的问题。总之，基金秘书处和韩国政府已经制定出比较完善的赔偿方案，可为将来遭受船舶油污染的受害者作出快速公平的赔偿。

（3）中国尚未形成完整的油污民事赔偿法律制度，有关各方的内容主要在原则和程序中规定，很多问题很难协调。法律法规的建设缺乏严格的制度支持。内容主要在一些具有公法法律性质的法律法规中规定。结果，在处理实际案件时，法官没有相对通用的标准，这增加了审理案件的难度。不同海事法院的依据不同，结果也有很大的差异。与此同时，受害者几乎无法得到相应的赔偿。因此本书提供两个可行性方案：一是加入 1992 年《基金公约》；二是完善中国《海商法》的规定，尤其是建议单独设立船舶污染损害赔偿这一章节。在具体内容中，应该考虑到中国的实际情况，既借鉴其他国家包括韩国的船舶油污损害赔偿制度，又应该考虑到我国的现实和航运业的发展情况。

第三节　进一步研究

本书的重点是船舶海洋油污染损害。随着对原油的日益依赖，海上设施等其他来源造成的海洋石油污染损害问题也日益严重。中国国内立法中没有关于海上设施造成的海洋石油污染损害赔偿的具体规定。探讨船舶油污损害的双层补偿制度是否可以作为建立海上设施造成的油污损害赔偿制度的模型非常有意义。

任何立法都没有澄清可否受理和评估的具体标准，例如行动的合理性和预防措施的合理费用。在这方面审查这些问题并提出立法建议非常重要。

此外，在船舶航行过程中，漏油事故导致一系列损失。在这些损失中，研究纯油污染的经济损失具有重要的理论和实践意义。

最后,随着中国海上丝绸之路的建设,中国与海上丝绸之路沿线国之间的贸易也越来越多。石油资源运输是其中的重要方面。因此探讨海上丝绸之路沿线国,尤其是油污损害事故易发国家的油污损害赔偿法律非常有必要。在海上丝绸之路的沿线国中,船舶油污损害事故很容易造成多个国家共同遭受污染。因此考虑跨界以及区域合作非常有必要。笔者今后也将在此基础上,继续研究。

附　录

中国相关法律法规

相关法律法规	网址链接
《中华人民共和国民法总则》	http://www. maxlaw. cn/top/20180709/mfzzqw.shtml
《中华人民共和国海事诉讼特别程序法》	http://www. shmsa. gov. cn/copcfund/gyfl/index.jhtml
《中华人民共和国渔业法》	http://www. shmsa. gov. cn/copcfund/gyfl/index.jhtml
《中华人民共和国渔业法实施细则》	http://www. shmsa. gov. cn/copcfund/gyfl/index.jhtml
《中华人民共和国野生动物保护法》	http://www. shmsa. gov. cn/copcfund/gyfl/index.jhtml
《中华人民共和国海商法》	http://www. shmsa. gov. cn/copcfund/gyfl/index.jhtml
《中华人民共和国海洋环境保护法》	http://www. shmsa. gov. cn/copcfund/gyfl/index.jhtml
《防治船舶污染海洋环境管理条例》	http://www. shmsa. gov. cn/copcfund/gyfl/index.jhtml
《中华人民共和国侵权责任法》	http://www.66law.cn/tiaoli/7.aspx
《中华人民共和国行政强制法》	http://www. shmsa. gov. cn/copcfund/gyfl/index.jhtml

续表

相关法律法规	网址链接
《中华人民共和国专属经济区和大陆架法》	http://www. shmsa. gov. cn/copcfund/gyfl/index.jhtml
《中华人民共和国领海及毗邻区法》	http://www. shmsa. gov. cn/copcfund/gyfl/index.jhtml
《中华人民共和国船舶污染损害民事责任保险实施办法》	http://www. shmsa. gov. cn/copcfund/gyfl/index.jhtml
《中华人民共和国船舶污染海洋环境应急防备和应急处置管理规定》	http://www. shmsa. gov. cn/copcfund/gyfl/index.jhtml
《中华人民共和国船舶油污损害民事责任保险实施办法》	http://www. shmsa. gov. cn/copcfund/gyfl/index.jhtml
《船舶油污损害赔偿基金征收使用管理办法》	http://www. shmsa. gov. cn/copcfund/gyfl/index.jhtml
《关于适用〈中华人民共和国海事诉讼特别程序法〉若干问题的解释》	http://www. shmsa. gov. cn/copcfund/gyfl/index.jhtml
《最高人民法院关于审理海事赔偿责任限制相关纠纷案件的若干规定》	http://www. shmsa. gov. cn/copcfund/gyfl/index.jhtml
《最高人民法院关于审理船舶碰撞和触碰案件财产损害赔偿的规定》	http://www. shmsa. gov. cn/copcfund/gyfl/index.jhtml
《最高人民法院关于审理船舶油污赔偿纠纷案件若干问题的规定》	http://www. shmsa. gov. cn/copcfund/gyfl/index.jhtml
《最高人民法院关于审理船舶碰撞纠纷案件若干问题的规定》	http://www. shmsa. gov. cn/copcfund/gyfl/index.jhtml
《最高人民法院关于审理海上保险纠纷案件若干问题的规定》	http://www. shmsa. gov. cn/copcfund/gyfl/index.jhtml
《船舶油污损害赔偿基金理赔导则和索赔指南》(2018 年修订版)	http://www. shmsa. gov. cn/copcfund/jjwj/1077.jhtml

相关国际公约

1992 年国际油污损害民事责任公约

本公约各当事国：

意识到在世界范围内,海上运输散装油类所引起的污染危险,确信有必要对由于船舶泄漏或排放油类造成污染而遭受损害的人给予适当的赔偿。

本着通过统一的国际规则和程序以便确定在上述情况下的责任问题并提供适当赔偿的愿望。兹协议如下：

第一条

就本公约而言：

1.“船舶”是指为载运作为货物的散装油类而建造或改建的任何类型的海船和海上运输工具,但是,一艘能够运输油类和其他货物的船舶仅在其实际载运作为货物的散装油类时,以及在进行这种运输之后的任何航次,方能被视为一艘船舶,但能证明已不再装有散装油类的残余物者除外。

2.“人”是指任何个人或集体或任何公营或私营机构,不论是否法人,包括国家或其任何下属单位。

3.“所有人”是指登记为船舶所有人的人,如果没有登记,则是指拥有该船的人。但如船舶为国家所有并由在该国登记为船舶经营人的公司所经营,“所有人”即指这种公司。

4.“船舶登记国”,就登记的船舶而言,是指对船舶进行登记的国家,就未登记的船舶而言,是指其船旗国。

5.“油类”是指任何持久性烃类矿物油,例如原油、燃油、重柴油和润滑油,不论作为货物装运于船上,或是作为这类船舶的燃料。

6.“污染损害”是指：

(a)由于船舶泄漏或排放油类,而在船舶之外因污染而造成的损失和损害,不论这种泄漏或排放发生于何处,但是,对环境损害的赔偿,除这种损害所造成的盈利损失外,应限于已实际采取或行将采取的合理复原措施的费用；

(b)预防措施的费用和因预防措施而造成的进一步损失或损害。

7.“预防措施”是指事件发生后为防止或减轻污染损害由任何人采取的任何合理措施。

8.“事件”是指造成污染损害或产生会导致这种损害的严重而紧迫的危险的任何事故,或由同一原因所引起的一系列事故。

9.“组织”是指国际海事组织。

10."1969 年责任公约"是指 1969 年国际油污损害民事责任公约。对于该公约 1976 年议定书的当事国而言,则应被认为包括经该议定书修正的 1969 年责任公约。

第二条

本公约专门适用于:

1. 在下列区域内造成的污染损害:

(1)缔约国的领土,包括领海,以及,

(2)缔约国根据国际法设立的专属经济区,或者,如果缔约国尚未设立这种区域,则为该国根据国际法所确定的超出并毗连于其领海的区域,已自该国测量其领海宽度的基线算起,外延不超过 200 海里。

2. 为预防或减轻这种损害而在任何地方采取的预防措施。

第三条

1.除本条第 2 款和第 3 款另有规定外,在事件发生时,或如该事件包括一系列事故,则在其第一次事故发生时,船舶所有人应对该船因此事件所造成的任何污染损害负责赔偿。

2.船舶所有人如能证实损害系属于以下情况,即对之不负责任:

(1)由于战争行为、敌对行为、内战或武装暴动,或特殊的、不可避免的和不可抗拒性质的自然现象所引起的损害;

(2)完全是由于第三者有意造成损害的行为或不作为所引起的损害;

(3)完全是由于负责灯塔或其他助航设备的政府或其他主管当局在执行其职责时的疏忽或其他过失行为所造成的损害。

3.如船舶所有人证明,污染损害全部或部分地是由于受害人有意造成损害的行为或不作为而引起,或是由于该人的疏忽所造成,则该船舶所有人可全部或部分地免除对该人所负的责任。

4.除按本公约规定外,不得对船舶所有人提出污染损害赔偿要求。除根据本条第 5 款外,不论根据本公约与否,不得对下列人等提出污染损害赔偿要求:

(a)船舶所有人的雇佣人员或代理人,或船员;

(b)引航员或为船舶提供服务的非属船员的任何其他人;

(c)任何承租人(任何类型的承租人,包括光船承租人),船舶管理人或经营人;

(d)经船舶所有人同意或根据有关主管当局的指令进行救助作业的任何人;

（e）采取预防措施的任何人；

（f）第（c）、（d）、（e）项中提及的所雇佣人员或代理人；

除非损害是由于他们本人有意造成这种损害，或是明知可能造成这种损害而毫不在意的行为或不作为所引起。

5.本公约的任何条款将不得妨碍船舶所有人向第三者要求赔偿的权利。

第四条

当发生涉及两艘或两艘以上船舶的事件并造成污染损害时，所有有关船的所有人，除按第三条获得豁免权者外，应对所有无法合理分开的这类损害负连带责任。

第五条

1.船舶所有人有权按本公约将其对任一事件的赔偿责任限于按下列方法算出的总额：

（a）不超过5000吨位单位的船舶为300万计算单位；

（b）超过此吨位的船舶，除第（a）项所述的数额外，每增加一吨位单位，增加420计算单位，但是，此总额在任何情况下不超过5970万计算单位。

2.如经证明油污损害是由于船舶所有人本人有意造成这种损害或是明知可能造成这种损害而毫不在意的行为或不作为所引起的，船舶所有人便无权按照本公约限制其责任。

3.为取得本条第1款规定的责任限制权利，船舶所有人应在按第九条提起诉讼的任何一个缔约国的法院或其他主管当局设立相当于其责任限额总数的基金；如未提起诉讼，则应在可以按第九条提起诉讼的任何一个缔约国的任何一个法院或其他主管当局设立此项基金。设立此项基金时可将其总数存入银行，或提供基金设立国的法律可以接受的、并法院或其他主管当局认为合适的银行担保或其他担保。

4.该项基金应在索赔人之间依其确定的索赔额按比例分配。

5.在分配基金以前，如船舶所有人或其任何雇佣人员或代理人，或向其提供保险或其他财务保证的任何人员，由于所述事件而支付污染损害赔偿，则上述人员在其支付数额范围内应以代位获得受赔偿的人根据本公约所应享有的权利。

6.本条第5款所规定的代位行使权利也可由该款所提到的人员以外的对污染损害已支付任何赔偿金额的任何人行使，但这种代位行使权利仅以所适用的国内法所许可者为限。

7.如船舶所有人或任何其他人的确证他可能在以后被强制支付此种赔偿

金额的全部或一部分,并由此可依本条第 5 款或第 6 款享有代位行使权利,若是赔偿在基金分配出去以前付出,则基金所在国法院或其他主管当局得命令暂时留出一个足够的数目,使该人以后能向基金索赔。

8.对于船舶所有人为防止或减轻污染损害因而引起的合理费用或自愿作出的合理牺牲所提出的索赔,应与对基金提出的其他索赔处于同等地位上。

9(a).本条第 1 款所述的"计算单位"为国际货币基金组织所规定的特别提款权。第 1 款中所述的数额,应根据本条第 3 款所述基金设立之日,该国货币与特别提款权相比的价值折算成该国货币。凡属国际货币基金组织成员国的缔约国,其按特别提款权折算的该国货币的价值,应按国际货币基金组织于上述日期在其经营和交易中适用的现行定值办法计算。非属国际货币基金组织成员国的缔约国,其按特别提款权折算的该国货币的价值,应按该国确定的办法计算。

9(b).但是,非属国际货币基金组织成员国的缔约国,而其法律又不允许执行第 9 款第(a)项的规定时,可以在批准、接受、认可或加入本公约时或在其后的任何时间,声明第 9 款第(a)项所述计算单位相当于 15 金法郎。本项所述金法郎相当于纯度为千分之九百的黄金 65.5 毫克,金法郎折算为国家货币时,应按该国的法律办理。

9(c).第 9 款第(a)项最后一句中所述的计算和第 9 款第(b)项中所述的折算,应使以该缔约国货币所表示的第 1 款的数额尽可能地与按第 9 款第(a)项前三句中所规定办法而获得的结果具有同一实际价值。缔约国在交存批准、接受、认可或加入本公约的文件时,以及上述计算或折算发生变动时,应视情况将其按第 9 款第(a)项进行计算的办法,或按第 9 款第(b)项进行折算的结果通知保管人。

10.在本条中,船舶吨位应为按照 1969 年国际船舶吨位丈量公约附则 I 中的吨位丈量规则计算的总吨。

11.保险人或提供财务保证的其他人有权按照本条的规定设立基金,其条件和效力与船舶所有人设立的基金相同。即使在按照第 2 款规定船舶所有人无权限制其赔偿的情况下,仍可设立此项基金;但在这种情况下,基金的设立不得影响任何索赔人要求船舶所有人赔偿的权利。

第六条

1.当船舶所有人在事件发生之后已按第五条规定设立一项基金并有权限制其责任范围时,则:

(a)对上述事件造成的污染损害提出索赔的任何人不得就其索赔对船舶

所有人的任何其他财产行使任何权利。

（b）各缔约国的法院或其他主管当局应下令退还由于对该事件造成的污染损害提出索赔而扣留的属于船舶所有人的任何船舶或其他财产，对为避免扣留而提出的保证金或其他保证也同样应予退还。

2.但上述规定只在索赔人能向管理基金的法院提出索赔，并且该项基金对他的索赔确能支付的情况下才适用。

第七条

1.应要求在缔约国登记的并且载运 2000 吨以上作为货物的散装油类的船舶的所有人进行保险或取得其他财务保证，如银行保证或国际赔偿基金出具的证书等，保证数额按第 5 条第 1 款中规定的责任限度决定，以便按本公约规定承担其对油污损害所应负的责任。

2.缔约国的主管当局在确信第 1 款的要求已经得到满足之后，应向每艘船舶颁发一份证明保险或其他财务担保，根据本公约的规定乃属有效的证书。对于在缔约国登记的船舶，这种证书应由船舶登记国的主管当局颁发或签发；对于未在缔约国登记的船舶，证书可由任何一个缔约国的主管当局颁发或签证。证书应以所附样本的格式为准，并应包括下列各项：

（a）船名和船籍港；

（b）船舶所有人名称或其主要营运地点；

（c）保证的类别；

（d）保险人或提供保证的其他人的姓名及主要营业地点，当适用时，包括设立的保险或保证的营业地点；

（e）证书的有效期限，该期限不得长于保险或其他保证的有效期限。

3.证书应以颁发国的一种或数种官方文字颁发，如所用文字既非英文又非法文，则应包括译成该两种文字之一的译文。

4.证书应存于船上，其一份副本应交由保存该船登记记录的主管当局收存，如该船未在缔约国登记，则应由颁发或签发此证书的国家主管当局收存。

5.一项保险或其他财务保证，如果不是由于本条第 2 款所述证明书上规定的该保险或保证的有效期限期满的原因，而是在向本条第 4 款所指的当局送交终止通知书之日起三个月未满即予以终止，应属不符合本条的要求，除非该证书已送交上述有关当局，或在此期间内已签发新的证书。上述规定应同样适用于使保险或保证不再满足本公约各项要求而作出的任何修改。

6.船舶登记国应按本条各项规定决定证书的签发条件和有效期限。

7.就本公约而言，一缔约国主管当局按照第 2 款颁发或签发的证书，应被其他缔约国所接受,并且即使是尚未在缔约国登记的船舶所颁发或签发的证书也应被其他缔约国视为与其本国颁发或签发的证书具有同等效力。如一缔约国认为,证书上所列的保险人或保证人在财力上不能承担本公约所规定的各项义务,则可随时要求与颁发或签发国进行协商。

8.对污染损害的任何索赔可向承担船舶所有人污染损害责任的保险人或提供财务保证的其他人直接提出,在这种情况下,即使按照第5条第2款船舶所有人无权限制其赔偿责任,被告人仍可援用第5条第1款规定的责任限制。被告人可以进一步提出损害所有人本人有权援引的答辩(船舶所有人已告破产或关闭者不在此列)。除此以外,被告人可以提出答辩,说明污染损害是由于船舶所有人的有意的不当行为所造成,但不得提出他有权在船舶所有人向他提出的诉讼中所援引的答辩。在任何情况下,被告人有权要求船舶所有人参加诉讼。

9.按照本条第1款规定保险或其他财务保证所提供的任何款项应仅用于根据本公约提出的索赔。

10.除非根据本条第2款或第12款已予签发证书,各缔约国不得允许本条适用的悬挂其旗帜的船舶从事营运。

11.除本条的各项规定外,各缔约国应根据其国内法保证,对于进入或驶离其领土上的任一港口,或抵达或驶离其领海范围内的任一海上装卸站的任何船舶,不论该船在何处登记,只要该船上确实装有2000吨以上作为货物的散装油类,在本条第1款规定范围内的保险与其他保证都是有效的。

12.如果是缔约国所有的船舶未进行保险或未取得其他财务保证,本条与此有关的各项规定不得适用于该船。但该船应备有一份由船舶登记国有关当局签发的证书,声明该船为该国所有,并且该船在第5条第1款规定的限度内担负责任。上述证书应尽可能严格遵照本条第2款所规定的样本。

第八条

如果不能在损害发生之日起3年内提出诉讼,按本公约要求赔偿的权利即告失效。无论如何不得在引起损害的事件发生之日起6年之后提出诉讼。如该事件包括一系列事故,6年的期限应自第一个事故发生之日起算。

第九条

1.当某一事件在一个或若干个缔约国的领土,包括领海或第二条所述的区域中造成了污染损害,或已在上述领土包括领海或区域中采取了防止或减轻污染损害的预防措施时,索赔诉讼仅可在上述任何一个缔约国或若干个缔约国的法院提起。任何上述诉论的合理通知均应送交被告人。

2.每一个缔约国都应保证其法院具有处理上述赔偿诉讼的必要管辖权。

3.在按照第五条规定设立基金之后,仅基金所在国的法院有权决定有关基金份额和分配的一切事项。

第十条

1.由具有第九条所述管辖权的法院所作的任何断决,如果在原判决国实施而不再需要通常的复审手续时。应为各缔约国所承认,但下列情况除外:

(a)判决是以欺骗取得;或者

(b)未给被告人以合理的通知和陈述其立场的公正机会。

2.按本条第 1 款确认的判决的在各缔约国中一经该国所规定的各项手续得到履行之后,便应立即实施。在各项手续中不允许重提该案的是非。

第十一条

1.本公约各项规定不适用于军舰或其他为国家所有或经营的在当时仅用于政府的非商业性服务的船舶。

2.关于为一缔约国所有而用于商业目的的船舶.每一国都应接受第九条所规定的管辖权范围内的控告,并放弃一切以主权国地位为根据的答辩。

第十二条之一

本公约自开放签字之日起,应代替任何现行的或已开放供签字、批准或加入的任何国际公约。但只限于与文了有抵触者。但是,本规定不得影响缔约国根据上述国际公约对非缔约国应负的各项义务。

第十二条之二　过渡条款

下列过渡条款,应适用于在事件发生时既是本公约的又是 1969 年责任公约的缔约国:

(a)如果一次事件已经造成本公约范围内的污染损害,而如该事件也在 1969 年责任公约范围之内,本公约的赔偿责任则应视为已被解除。

(b)如果一次事件已造成本公约范围内的污染损害,而且该国又是本公约和 1971 年设立国际油污损害赔偿基金国际公约的缔约国,则在适用本条第(a)项后按本公约尚需承担的赔偿责任,仅应限于适用于上述 1971 年公约之后仍未获得赔偿的污染损害范围之内。

(c)在适用于本公约第三条第 4 款时,"本公约"一词应视情况被解释为本公约或 1969 年责任公约。

(d)在适用本公约第五条第 3 款时设立的基金总额,应减去按本条第(a)项已视为被解除的赔偿责任数额。

第十二条之三

本公约的最后条款应为 1969 年责任公约 1992 年议定书的第十二条至第十八条。本公约所指的缔约国,应被视为该议定书的缔约国。

1971 年设立国际油污损害赔偿基金国际公约的 1992 年议定书

本议定书各当事国,审议了《1971 年设立国际油污损害赔偿基金国际公约》及其《1984 年议定书》,注意到该公约对改进范围、提高赔偿限额作出规定的《1984 年议定书》仍未生效,确认保持国际油污责任和赔偿系统生命力的重要性,意识到确保《1984 年议定书》的内容得以尽快生效的必要性,认识到各当事国作出安排,使经修正的公约在过渡期间与原公约共存并对原公约加以增补的好处,确信船舶在海上运输散装油类产生的油污损害的经济后果应继续由航运业和货油业分担,注意到通过了修正《1969 年国际油污损害民事责任公约》的《1992 年议定书》,兹达成协议如下:

第 1 条　本议定书的规定所修正的公约是《1971 年设立国际油污损害赔偿基金国际公约》(此后称《1971 年基金公约》)。就《1971 年基金公约》的《1976 年议定书》的当事国而言,提及《1971 年基金公约》应视为包括由该议定书修正的《1971 年基金公约》。

第 2 条　对《1971 年基金公约》第 1 条作如下修正:

1.以下列条文取代第 1 款:

《1992 年责任公约》系指《1992 年国际油污损害民事责任公约》。

2.在第 1 款之后,插入新的一款如下:

1 之二.《1971 年基金公约》系指《1971 年设立国际油污损害赔偿基金国际公约》。就该公约《1976 年议定书》的当事国而言,该词应视为包括由该议定书修正的《1971 年基金公约》。

3.以下列条文取代第 2 款:

"船舶"、"人"、"所有人"、"油类"、"污染损害"、"预防措施"、"事故"和"本组织"与《1992 年责任公约》第 1 条规定者具有相同含义。

4.以下列条文取代第 4 款:

"计算单位"与《1992 年责任公约》第 V 条第 9 款具有相同含义。

5.以下列条文取代第 5 款:

"船舶吨位"与《1992 年责任公约》第 V 条第 10 款规定者具有相同含义。

6.以下列条文取代第 7 款:

"担保人"系指按《1992 年责任公约》第 Ⅶ 条第 1 款为船舶所有人的赔偿

责任提供保险或其他财务担保的任何人。

第 3 条　对《1971 年基金公约》第 2 条作如下修正：

以下列条文取代第 1 款：

据此设立一个国际污染损害赔偿基金，定名为"1992 年国际油污赔偿基金"，此后称为"本基金"，其目的如下：

(a)在《1992 年责任公约》不能提供适当保护的范围内提供油污损害赔偿；

(b)实施本公约规定的有关宗旨。

第 4 条　以下列条文取代《1971 年基金公约》的第 3 条：

本公约仅适用于：

(a)在下列区域内造成的污染损害：

(i)缔约国的领土，包括领海，和

(ii)缔约国按照国际法设立的专属经济区，或者，如果缔约国未设立这种区域，则为该国按照国际法所确立的、在其领海之外并与其领海毗连的、从测量其领海宽度的基线向外延伸不超过 200 海里的区域；

(b)不论在何处采取的用于防止或减少此种损害的预防措施。

第 5 条　修正《1971 年基金公约》第 4 条至第 9 条的标题，删去"和补偿"。

第 6 条　对《1971 年基金公约》第 4 条作如下修正：

1.在第 1 款中，提到"《责任公约》"的五个地方均改为"《1992 年责任公约》"。

2.以下列条文取代第 3 款：

如经本基金证实，污染损害是全部或部分地由于受害人故意造成损害的行为或不作为或疏忽所致，则本基金可全部或部分地免除对此种人员的赔偿义务。在任何情况下，本基金的赔偿责任均应在根据《1992 年责任公约》第 3 条第 3 款规定船舶所有人可免除其赔偿责任的范围内被免除。但就预防措施而言，不免除本基金的此种责任。

3.以下列条文取代第 4 款：

"(a)除本款(b)和(c)项另有规定外，本基金按本条对任一事故应付的赔偿累计金额应限制为：该金额与按《1992 年责任公约》对在第 3 条规定的本公约适用范围内的污染损害所实际支付的赔偿金额之和，不应超过 1.35 亿计算单位。

(b)除(c)项另有规定外，对于不可避免和不可抗拒的特殊自然现象造成的污染损害,本基金按本条的规定应付赔偿累计金额不应超过 1.35 亿计算单位。

(c)当摊款人于前一日历年度内在本公约的三个当事国的领土内接收的有关摊款油类总量等于或超过 6 亿吨,对在任何期间发生的任何事故,(a)和(b)项所述的最高赔偿金额应为 2 亿计算单位。

(d)在计算本基金按本条应付最高赔偿金额时,不应计入按《1992 年责任公约》第 V 条第 3 款所设基金产生的利息(如果有的话)。

(e)本条所述金额,应根据在本基金的大会对第一个支付赔偿日作出决定之日该国货币相对于特别提款权的价值,折算成该国货币。"

4.以下列条文取代第 5 款:

"向本基金提出的已确认的索赔,如金额超过第 4 款规定的应付赔偿累计金额,则所获赔偿金额的分配,应使任何已确认的索赔与索赔人按本公约所实际取得的赔偿金额的比例,对所有索赔人均相同。"

5.以下列条文取代第 6 款:

"本基金大会可以决定:在特殊情况下,即使船舶所有人未按照《1992 年责任公约》第 V 条第 3 款设立基金,也可支付本公约规定的赔偿。在这种情况下,本条第 4(e)款相应地适用。"

第 7 条　删去《1971 年基金公约》第 5 条。

第 8 条　对《1971 年基金公约》第 6 条作如下修正:

1.在第 1 款中,删去该款编号和"或第 5 条规定的补偿"。

2.删去第 2 款。

第 9 条　对《1971 年基金公约》第 7 条作如下修正:

1.在第 1 款、第 3 款、第 4 款和第 6 款中,出现"《责任公约》"的 7 个地方均改为"《1992 年责任公约》"。

2.在第 1 款中,删去"或第 5 条规定的补偿"。

3.在第 3 款第一句中,删去"或补偿"和"或第 5 条"。

4.在第 3 款第二句中,删去"或根据第 5 条第 1 款"。

第 10 条　在《1971 年基金公约》第 8 条中,将"《责任公约》"改为"《1992 年责任公约》"。

第 11 条　对《1971 年基金公约》第 9 条作如下修正:

1.以下列条文取代第 1 款:

对于本基金按照本公约第 4 条第 1 款对污染损害支付的任何赔偿金额,本基金应通过代位取得受偿人根据《1992 年责任公约》对船舶所有人或其担保人所能享有的权益。

2.在第 2 款中,删去"或补偿"。

第 12 条　对《1971 年基金公约》第 10 条作如下修正:

以下列条文取代第 1 款开头语:

"每一缔约国对本基金的年度摊款应由在第 12 条第 2(a)或(b)款中规定的日历年度中所收总油量超过 15 万吨的任何人支付:"

第 13 条　删去《1971 年基金公约》第 11 条。

第 14 条　对《1971 年基金公约》第 12 条作如下修正:

1.在第 1 款开头语中,删去"对第 10 条所述的每个人"。

2.在第 1(i)款(b)和(c)项中,删去"或第 5 条",并用"400 万计算单位"代替"1500 万法郎"。

3.删去第 1(ii)款(b)项。

4.在第 1(ii)款中,(c)项改为(b),(d)项改为(c)项。

5.以下列条文取代第 2 款开头语:

"大会应决定应征收的摊款总额。在该决定的基础上,干事长应为每一缔约国计算出第 10 条所述的每个人的年度摊款额:"

6.以下列条文取代第 4 款:

年度摊款应在《基金内部条例》规定的日期交付。大会可选定一个不同的付款日期。

7.以下列条文取代第 5 款:

大会可在《基金财务条例》规定的条件下,决定在按第 12 条第 2(a)款收到的基金和按第 12 条第 2(b)款收到的基金之间转账。

8.删去第 6 款。

第 15 条　对《1971 年基金公约》第 13 条作如下修正:

1.以下列条文取代第 1 款:

按第 12 条应付的任何摊款额,如拖欠,则产生利息,其利率按《基金内部条例》确定,但对不同情况可定出不同利率。

2.在第 3 款中,用"第 10 和 12 条"取代"第 10 和 11 条",并删去"超过三个月的期限"。

第 16 条　在《1971 年基金公约》第 15 条中,增加新的第 4 款:

如果一个缔约国因未履行向干事长提交第 2 款所述的通知的义务从而对本基金造成财务损失,则该缔约国应负有向本基金赔偿此种损失的责任。大会应根据干事长的建议决定该缔约国是否应支付这种赔偿。

第 17 条 以下列条文取代《1971 年基金公约》第 16 条：

本基金应设有大会和以干事长为首的秘书处。

第 18 条 对《1971 年基金公约》第 18 条作如下修正：

1.在该条开头语中删去"根据第 26 条规定"。

2.删去第 8 款。

3.以下列条文取代第 9 款：

设立其认为必要的任何临时或常设下属机构,确定其职责范围,并授予它履行其所授职责需要的权力;当任命这种机构的成员时,大会应努力保证成员的公平的地理分布,并保证接收最多摊款油的各缔约国得到适当代表;《大会议事规则》在细节上作必要修改后可适用于这种下属机构的工作。

4.在第 10 款中,删去"执行委员会,"。

5.在第 11 款中,删去"执行委员会,"。

6.删去第 12 款。

第 19 条 对《1971 年基金公约》第 19 条作如下修正：

1.以下列条文取代第 1 款：

大会常会每一日历年度应召开一次,由干事长召集。

2.在第 2 款中,删去"执行委员会或"。

第 20 条 删去《1971 年基金公约》第 21 条至第 27 条及这些条款的标题。

第 21 条 对《1971 年基金公约》第 29 条作如下修正：

1.以下列条文取代第 1 款：

干事长为基金的首席行政官员。他须遵照大会给他的指示履行本公约、《基金内部条例》和大会赋予他的职责。

2.在第 2(e)款中,删去"或执行委员会"。

3.在第 2(f)款中,删去"或执行委员会,视情而定"。

4.以下列条文取代第 2(g)款：

与大会主席协商,起草并出版前一日历年度的基金活动报告;

5.在第 2(h)款中,删去",执行委员会"。

第 22 条 在《1971 年基金公约》第 31 条第 1 款中,删去"在执行委员会及"。

第 23 条 对《1971 年基金公约》第 32 条作如下修正：

1.在开头语中,删去"和执行委员会"。

2.在(b)项中,删去"和执行委员会"。

第 24 条　对《1971 年基金公约》第 33 条作如下修正：

1.删去第 1 款。

2.在第 2 款中,删去该款编号。

3.以下列条文取代(c)项：

"根据第 18 条第 9 款设立下属机构和与设立这种机构有关的事项。"

第 25 条　以下列条文取代《1971 年基金公约》第 35 条：

"第 4 条规定的索赔,如产生于公约生效之日后发生的事故,则不得早于本公约生效之日后的第 120 天向本基金提出。"

第 26 条　在《1971 年基金公约》第 36 条后,插入下列三个新条款：

"第 36 条之二　在从本公约生效之日起至修正《1971 年基金公约》的《1992 年议定书》第 31 条规定的退出之日止的期间(以下称为过渡时期),下列过渡性条款应适用：

(a)在实施本公约第 2 条第 1(a)款时,提及《1992 年责任公约》应包括提及原来的和经《1976 年议定书》修正的《1969 年国际油污损害民事责任公约》(在本条中称为《1969 年责任公约》)和《1971 年基金公约》。

(b)如果事故造成了本公约范围内的污染损害,对于遭受污染损害的任何人,本基金仅在此人根据《1969 年责任公约》《1971 年基金公约》和《1992 年责任公约》的规定未能取得充分和足够的损害赔偿的情况下,才能在此限度内给予赔偿,但是,对于本公约范围内的污染损害,就属本公约的当事国但非属《1971 年基金公约》的当事国的国家而言,对于遭受污染损害的任何人,本基金仅在假定该国是上述每一公约的当事国时,此人不能取得充分或足够的赔偿的情况下,才能在此限度内给予赔偿。

(c)在实施本公约第 4 条时,确定本基金的应付赔偿合计金额所应计入的金额,也应包括根据《1969 年责任公约》实际支付的赔偿金额(如有的话)和根据《1971 年基金公约》实际支付的或视为已支付的赔偿金额。

(d)本公约第 9 条第 1 款也适用于根据《1969 年责任公约》所享有的权利。"

"第 36 条之三

1.在符合本条第 4 款的条件下,对某一日历年度中在某单一缔约国中所收到的摊款油的应付合计年度摊款额,不应超过在该日历年度中修正《1971 年基金公约》的《1992 年议定书》所规定的年度摊款总额的 27.5%。

2.如果应用第 12 条第 2 款和第 3 款中的规定会使某单一缔约国中的摊款人在某特定日历年度中的应付合计摊款额超过年度摊款总额的 27.5%,则该国中的所有摊款人的应付摊款额应按比例减少,使其合计摊款额等于在该日历年度中向基金支付的总年度摊款额的 27.5%。

3.如果某特定缔约国中的摊款人的应付摊款额须按本条第 2 款予以减少,则所有其他缔约国中的摊款人的应付摊款额须作成比例的增加,以保证在所述日历年度中所有摊款人的应付摊款总额达到大会确定的摊款总额。

4.本条第 1 款至第 3 款的规定,应在所有缔约国于某日历年度中收到的摊款油总量未达到 7.5 亿吨时实施,或在从《1992 年议定书》的生效日期起算不足 5 年时实施,以早者为准。"

"第 36 条之四　尽管有本公约的规定,在《1971 年基金公约》和本公约同时实施期间,下述规定应适用于本基金的管理:

(a)《1971 年基金公约》设立的以干事长为首的该基金(以下称为'《1971 年基金》')秘书处也可履行本基金秘书处和干事长的职责。

(b)如果按(a)项,1971 年基金的秘书处和干事长也履行本基金秘书处和干事长的职责,则当 1971 年基金和本基金的利益发生冲突时,本基金应由本基金大会主席代表。

(c)干事长及其任命的职员和专家,在履行本公约和《1971 年基金公约》规定的职责时,只要他们按照本条履行其职责,便不应被视为违反本公约第30 条的规定。

(d)本基金大会应努力不作出与 1971 年基金大会不一致的决定。如果对于共同管理问题有不同意见,本基金大会应以相互合作的精神并根据两个组织的共同目标,努力与 1971 年基金大会达成一致意见。

(e)如果 1971 年基金大会有此决定,则本基金可按照《1971 年基金公约》第 44 条第 2 款继承 1971 年基金的权利、义务和资产。

(f)本基金应将 1971 年基金为本基金进行管理服务而产生的所有费用和开支偿还给 1971 年基金。"

"第 36 条之五　最终条款

本公约的最终条款应为修正《1971 年基金公约》的《1992 年议定书》的第28 条至第 39 条。本公约所指缔约国应被视为该议定书的缔约国。"

第 27 条

1.在本议定书的当事国间,《1971 年基金公约》和本议定书应作为单一文件一起理解和解释。

2.经本议定书修正的《1971 年基金公约》第 1 条至第 36 条之五应被称为《1992 年设立国际油污损害赔偿基金国际公约》(《1992 年基金公约》)。

最终条款

第 28 条　签署、批准、接受、核准和加入

1.本议定书应自 1993 年 1 月 15 日起至 1994 年 1 月 14 日止在伦敦开放，供已签署《1992 年责任公约》的任何国家签署。

2.在符合第 4 款的条件下，本议定书应由已签署本议定书的国家批准、接受或核准。

3.在符合第 4 款的条件下，本议定书对未签署本议定书的国家开放以供加入。

4.本议定书只能由已批准、接受、核准或加入《1992 年责任公约》的国家批准、接受、核准或加入。

5.批准、接受、核准或加入，应向本组织秘书长交存一份相应的正式文件。

6.属本议定书的当事国但非属《1971 年基金公约》的当事国的国家，对本议定书的其他当事国而言，应受经本议定书修正的《1971 年基金公约》的规定约束，但是对《1971 年基金公约》的当事国而言，不应受《1971 年基金公约》的条款约束。

7.在经本议定书修正的《1971 年基金公约》的某项修正案生效之后交存的任何批准、接受、核准或加入文件，应视为适用于按此项修正案修改的经修正后的公约。

第 29 条　摊款油资料

1.在本议定书对某一国家生效之前，该国应在交存第 28 条第 5 款所述文件和此后每年在本组织秘书长决定的日期，把该国根据经本议定书修正的《1971 年基金公约》第 10 条应向本基金摊款的任何人的姓名和地址及其在上一日历年度在该国领土内接收有关摊款油的数量的资料通知本组织秘书长。

2.在过渡期间，干事长每年应为各当事国将按本议定书修正的《1971 年基金公约》第 10 条应向本基金缴纳摊款的人所接收的摊款油数量的资料报送本组织秘书长。

第 30 条　生效

1.本议定书应在达到下列要求之日后 12 个月生效：

(a)至少已有 8 个国家向本组织秘书长交存了批准、接受、核准或加入文件；和

(b)本组织秘书长收到的第 29 条规定的资料表明，按经本议定书修正的《1971 年基金公约》第 10 条应缴纳摊款的人在前一日历年度收到的摊款油总量至少达到 4.5 亿吨。

2.但是,本议定书不得在《1992 年责任公约》生效前生效。

3.对于在第 1 款规定的生效条件满足之后批准、接受、核准或加入本议定书的每个国家,本议定书应自该国交存适当文件之日后 12 个月生效。

4.任何国家可在交存本议定书的批准、接受、核准或加入文件时声明:就本条而言,此种文件不得在第 31 条规定的 6 个月期间结束之前生效。

5.按照上款作出声明的任何国家,可随时向本组织秘书长发出通知,撤回其声明。任何这种撤回,均应在接到通知之日生效;作出这种撤回的任何国家应视为在该日交存了本议定书的批准、接受、核准或加入文件。

6.作出修正《1969 年责任公约》的《1992 年议定书》第 13 条第 2 款规定的声明的任何国家应视为也作出本条第 4 款规定的声明。撤回上述第 13 条第 2 款规定的声明应被视为也根据本条第 5 款作出撤回。

第 31 条 退出 1969 年和 1971 年公约

在符合第 30 条规定的情况下,在达到下列要求之后 6 个月内:

(a)至少有 8 个国家已成为本议定书的当事国或已向本组织秘书长交存了批准、接受、核准或加入的文件,不论是否以第 30 条第 4 款的规定为条件;和

(b)本组织秘书长收到的第 29 条规定的资料表明:根据经本议定书修正的《1971 年基金公约》第 10 条应当或可能应缴纳摊款的那些人,在上一日历年度收到的摊款油总量至少达到 7.5 亿吨;

本议定书的每个当事国和已交存批准、接受、核准或加入的文件(不论是否以第 30 条第 4 款规定为条件)的每个国家,如属《1971 年基金公约》和《1969 年责任公约》的当事国,则应退出这两个公约,此种退出应在上述 6 个月期间结束后 12 个月生效。

第 32 条 修订和修正

1.本组织可召开修订或修正《1992 年基金公约》的会议。

2.应不少于 1/3 的缔约国的要求,本组织应召开修订或修正《1992 年基金公约》的缔约国会议。

第 33 条 对赔偿限额的修正

1.应至少 1/4 缔约国的要求,秘书长应将要求修正经本议定书修正的《1971 年基金公约》的第 4 条第 4 款规定的赔偿限额的任何提案散发给本组织的所有成员国和所有缔约国。

2.提出并按上述方式散发的任何修正案,应提交本组织法律委员会,供其在散发之日后至少 6 个月的某一日期审议。

3.经本议定书修正的《1971 年基金公约》的所有缔约国,不论是否为本组织会员,均应有权参加法律委员会审议和通过修正案的活动。

4.修正案应由在第 3 款规定的扩大的法律委员会上出席并参加表决的缔约国的 2/3 多数通过,但在投票时至少应有半数缔约国出席。

5.就修改限额的提案采取行动时,该委员会应考虑事故的经验,特别是事故所造成的损害金额和币值的变化,还应考虑经本议定书修正的《1971 年基金公约》第 4 条第 4 款的限额和《1992 年国际油污损害民事责任公约》第 V 条第 1 款的限额之间的关系。

6.(a)在 1998 年 1 月 15 日前或自按本条作出的前一修正案生效之日起算不足 5 年的期间内,不应审议本条规定的有关限额的任何修正案。本条规定的任何修正案不得在本议定书生效之前予以审议。

(b)任何限额的增长,不得超过按照经本议定书修正的《1971 年基金公约》规定的限额,从 1993 年 1 月 15 日起以复合年均增长率为 6%计算所达到的数额。

(c)任何限额的增长均不得超过相当于经本议定书修正的《1971 年基金公约》所规定的限额的 3 倍。

7.按照第 4 款通过的任何修正案,应由本组织通知所有缔约国。该修正案在通知之日后的 18 个月的期限结束时,应视为已被接受,除非在此期间内有不少于 1/4 的在法律委员会通过修正案时为缔约国的国家通知本组织不接受该修正案,在此情况下,该修正案即被拒绝,并属无效。

8.按第 7 款视为已接受的修正案,应在其被接受后 18 个月生效。

9.所有缔约国均应受该修正案的约束,除非它们按照第 34 条第 1 款和第 2 款在修正案生效前至少 6 个月退出本议定书。这种退出应在修正案生效时生效。

10.当一项修正案已被该委员会通过,但 18 个月的接受期限尚未结束时,如该修正案生效,则在此期间成为缔约国的国家应受其约束。在此期间之后成为缔约国的国家应受按第 7 款被接受的修正案的约束。在本款所述情况下,缔约国应在修正案生效时,或在本议定书对该国生效时(如晚于前者),受该修正案的约束。

第 34 条　退出

1.任何当事国,在本议定书对该当事国生效之日后,可随时退出本议定书。

2.退出应向本组织秘书长交存一份文件。

3.退出应在向本组织秘书长交存文件后 12 个月或在退出文件中载明的更长的期限后生效。

4.退出《1992 年责任公约》应视为退出本议定书。这种退出应在按照修正《1969 年责任公约》的《1992 年议定书》的第 16 条退出该议定书之日生效。

5.未按第 31 条要求退出《1971 年基金公约》和《1969 年责任公约》的本议定书的任何缔约国,在该条所规定的 6 个月期间结束后的 12 个月应视为已退出本议定书。自第 31 条规定的退出生效之日后交存批准、接受、核准或加入《1969 年责任公约》文件的本议定书的任何当事国,应视为已退出本议定书,这种退出应于上述文件生效之日生效。

6.在本议定书的当事国之间,任何当事国按照《1971 年基金公约》第 41 条退出该公约时,不应以任何方式解释为退出经本议定书修正的《1971 年基金公约》。

7.尽管某一当事国按照本条退出了本议定书,但是如果经本议定书修正的《1971 年基金公约》第 12 条第 2(b)款所述的事故发生在退出之前,则本议定书关于应支付该经修正公约第 10 条规定的摊款的义务的任何规定,应继续适用。

第 35 条　大会特别会议

1.在交存退出文件后 90 天之内,如任何缔约国认为此种退出将大大提高其余缔约国的摊款水平,则可要求干事长召开大会特别会议。干事长应在接到要求后不迟于 60 天召开大会。

2.干事长若认为任何退出将大大提高其余缔约国的摊款水平,则可在该退出文件交存后 60 天内主动召开大会特别会议。

3.如果大会在按第 1 款或第 2 款召开的特别会议上确认,这一退出将大大提高其余缔约国的摊款水平,则任何此种国家可在不迟于该退出生效之日前 120 天退出本议定书;此种退出在同一日期生效。

第 36 条　失效

1.本议定书应在缔约国的数目降至不足 3 个之日起失效。

2.在本议定书失效之日前仍受本议定书约束的国家,应使本基金能够履行本议定书第 37 条对其规定的职责,并仅此而言,应继续受本议定书的约束。

第 37 条　基金的解散

1.如果本议定书失效,本基金仍应:

(a)对在本议定书失效前所发生的任何事件履行义务;

(b)在摊款对履行(a)项规定的义务为必需的范围内,有权行使摊款权,包括为此目的所必需的基金管理开支。

2.大会应采取一切适当措施完成本基金的解散工作,包括将任何剩余资产在本基金的摊款人中进行公平的分配。

3.就本条而言,本基金应仍然是法人。

第38条　保存人

1.本议定书及任何根据第33条被接受的修正案,应交本组织秘书长保存。

2.本组织秘书长应:

(a)将下列情况通知所有已签署或加入本议定书的国家;

(i)每一新的签署或文件交存及其日期;

(ii)第30条规定的每一声明和通知,包括按照该条视为已作出的声明和声明的撤回;

(iii)本议定书的生效日期;

(iv)要求作出第31条规定的退出的日期;

(v)按第33条第1款所提出的修改赔偿限额的任何提案;

(vi)按第33条第4款获得通过的任何修正案;

(vii)根据第33条第7款被视为已被接受的任何修正案及其按照该条第8款和第9款生效的日期;

(viii)交存退出本议定书的文件及其交存日期和退出生效日期;

(ix)根据第34条第5款视为已作出的所有退出;

(x)本议定书任何条款所要求的任何通知;

(b)将本议定书核证无误的副本分送所有签署国和加入本议定书的所有国家。

3.本议定书一经生效,本组织秘书长即应按照《联合国宪章》第102条将本议定书的文本送交联合国秘书处,以供登记和公布。

第39条　文字

本议定书正本一份,用阿拉伯文、中文、英文、法文、俄文和西班牙文写成,各文本具有同等效力。

1992年11月27日订于伦敦。

下列具名者,均经正式授权,特签署本议定书,以昭信守。

(编者注:我国于1999年1月5日交存加入书,2000年1月5日对我生效。目前仅适用于香港特区。)

1992 年设立国际油污损害赔偿基金国际公约的 2003 年议定书

1992 年设立国际油污损害赔偿基金国际公约的 2003 年议定书是由国际组织在 2003 年 5 月 16 日,于伦敦签订的条约。

本议定书缔约国,忆及《1992 年国际油污损害民事责任公约》(以下称为《1992 年责任公约》),审议了《1992 年设立国际油污损害赔偿基金国际公约》(以下称为《1992 年基金公约》),确认保持国际油污责任和赔偿系统的活力的重要性,注意到在《1992 年基金公约》的某些缔约国中该公约提供的最大赔偿在某些情况下不足以满足赔偿需要,认识到《1992 年责任公约》和《1992 年基金公约》的一些缔约国认为作为紧急事项通过创立各国可自愿加入的某种补充方案提供额外赔偿资金是必要的,认为该补充方案应致力于确保对油污损害的受害人的损失或损害作出充分赔偿,还应在有下列风险时缓解受害人面临的困难:由于《1992 年责任公约》和《1992 年基金公约》的赔偿金额不足以充分支付确认索赔,因此"1992 年国际油污赔偿基金"暂时决定仅对任何确认索赔作出部分支付,考虑到加入该补充方案将仅对《1992 年基金公约》的缔约国开放,兹协议如下:

总则

第 1 条

就本议定书而言:

1."《1992 年责任公约》"系指《1992 年国际油污损害民事责任公约》;

2."《1992 年基金公约》"系指《1992 年设立国际油污损害赔偿基金国际公约》;

3."1992 年基金"系指根据《1992 年基金公约》设立的"1992 年国际油污赔偿基金";

4."缔约国",除另有说明者外,系指本议定书缔约国;

5.在通过提及将《1992 年基金公约》的规定列入本议定书中时,除另有说明者外,该公约中的"基金"系指"补充基金";

6."船舶"、"人"、"所有人"、"油类"、"污染损害"、"预防措施"和"事件"与《1992 年责任公约》第 1 条中规定者具有相同含义;

7."摊款油"、"计算单位"、"吨"、"担保人"和"码头装置",除另有说明者外,与《1992 年基金公约》第 1 条中规定者具有相同含义;

8."确认索赔"系指"1992 年基金"承认的索赔或根据主管法院作出的对"1992 年基金"有约束力的、不需通常形式的审查的判决被接受为可接受的、如果不对该事件应用《1992 年基金公约》第 4 条第 4 款规定的限额则可作出充分赔偿的索赔；

9."大会"，除另有指明者外，系指"2003 年国际油污赔偿补充基金"大会；

10."本组织"系指国际海事组织；

11."秘书长"系指国际海事组织秘书长。

第 2 条

1.兹设立用于污染损害赔偿的"国际补充基金"，定名为"2003 年国际油污赔偿补充基金"（以下称"补充基金"）。

2."补充基金"应在每一缔约国中被承认为根据该国法律能承担权利和义务并能作为该国法院的法律诉讼的某一当事方的法人。每一缔约国应将"补充基金"干事视为"补充基金"的法定代表。

第 3 条

本议定书仅适用于：

（a）在下列地区造成的污染损害：

（i）缔约国的领土，包括领海；和

（ii）缔约国按国际法设立的专属经济区，或，如果缔约国未设立此种区域，则该国按国际法确定的、在该国领海以外并与领海相邻的、从丈量其领海宽度的基线延伸不超过 200 海里的区域。

（b）防止此种损害或使其最小化的预防措施，不论在何处采取。

补充赔偿

第 4 条

1."补充基金"应向因总损害额超过或有可能超过《1992 年基金公约》第 4 条第 4 款对任何单一事件规定的适用赔偿限额而不能对此种损害的确认索赔得到充分和适当赔偿的蒙受污染损害的任何人员支付赔偿。

2.（a）本条规定的"补充基金"的应付累计赔偿金额对任何单一事件应限制为：该金额的总额与在本议定书适用范围内根据《1992 年责任公约》和《1992 年基金公约》实际支付的赔偿金额之和不应超过 7.5 亿计算单位。

（b）第 2（a）款所述的 7.5 亿计算单位的金额应根据"1992 年基金"大会为《1992 年责任公约》和《1992 年基金公约》的最大应付金额的折算确定的国家货币在该日期相对于"特别提款权"的价值折算成国家货币。

3.如果向"补充基金"提出的多个确认索赔的金额超过第 2 款规定的应付累计赔偿金额，那么提供的金额应按下列方式分配：任何确认索赔与索赔人根据本议定书实际得到的赔偿金额的比例对所有索赔人应是相同的。

4."补充基金"应对第 1 条第 8 款中定义的确认索赔并仅应对此种索赔支

付赔偿。

第 5 条

在"1992 年基金"大会认为确认索赔的总额超过或可能超过根据《1992 年基金公约》第 4 条 4 款可提供的累计赔偿金额因此"1992 年基金"大会临时或最后决定对任何确认索赔仅作部分支付时,"补充基金"应支付赔偿。"补充基金"大会然后应决定"补充基金"是否和在何种范围内应支付任何确认索赔在《1992 年责任公约》和《1992 年基金公约》范围内未被支付的部分。

第 6 条

1.以第 15 条第 2 款和第 3 款为准,从"补充基金"获得赔偿的权利仅应在此种权利根据《1992 年基金公约》第 6 条对"1992 年基金"无效时才无效。

2.向"1992 年基金"提出的索赔应视为是同一索赔人向"补充基金"提出的索赔。

第 7 条

1.《1992 年基金公约》第 7 条第 1 款、第 2 款、第 4 款、第 5 款和第 6 款的规定应适用于按本议定书第 4 条第 1 款向"补充基金"提起的赔偿诉讼。

2.在向根据《1992 年责任公约》第Ⅸ条具有管辖权的法院对船舶所有人或其担保人提起污染损害赔偿诉讼时,此种法院应对根据本议定书第 4 条的规定就同一损害提出的对"补充基金"的任何赔偿诉讼具有专有司法管辖权。但是,当在《1992 年责任公约》而非本议定书的缔约国法院提起《1992 年责任公约》规定的污染损害赔偿诉讼时,本议定书第 4 条规定的对"补充基金"的任何诉讼,应根据索赔人的选择,在"补充基金"总部在其境内的国家的法院或在根据《1992 年责任公约》第Ⅸ条具有管辖权的任何本议定书缔约国法院提起。

3.虽有第 1 款的规定,在向《1992 年基金公约》而非本议定书的缔约国的法院提起对"1992 年基金"的污染损害赔偿诉讼时,对"补充基金"的任何相关诉讼,应按索赔人的选择,在"补充基金"总部在其境内的国家的法院或在根据第 1 款具有管辖权的任何缔约国法院提起。

第 8 条

1.以本议定书第 4 条第 3 款中所述的有关分配的任何判决为准,按本议定书第 7 条具有管辖权的法院作出的对"补充基金"的任何裁决,当其在原判国成为可执行并在该国无须普通形式的审查时,应在《1992 年责任公约》第Ⅹ条规定的相同条件下,在每一缔约国中得到承认并可以执行。

2.缔约国可应用承认和执行裁决的其他规定,但其效果应是确保裁决至少在第 1 款规定的同样范围内得到承认和执行。

第9条

1.就"补充基金"按本议定书第4条第1款支付的任何污染损害赔偿金额而言,"补充基金"应通过代位取得其受偿人根据《1992年责任公约》对所有人或其担保人享有的权利。

2."补充基金"应通过代位取得其受偿人根据《1992年基金公约》对"1992年基金"享有的权利。

3.本议定书中的任何规定均不应损害"补充基金"对以上各款中所述者外的其他人员的任何追索或代位权。在任何情况下"补充基金"对此种人员的代位权不应低于受偿人的保险人的代位权。

4.在不损害可能存在的对"补充基金"的任何其他代位或追索权的情况下,按国家法律的规定支付了污染损害赔偿的缔约国或其他机构应通过代位获得受偿人根据本议定书享有的权利。

摊款

第10条

1.每一缔约国"补充基金"的年度摊款应由在第11条2(a)或(b)款所述日历年中在下列地点收到总量超过150000吨的下列油类的任何人员支付:

(a)在该国领土内的港口或码头装置中收到海上运至此种港口或码头装置的摊款油;和(b)在该缔约国领土内的任何装置中收到海上运输的并在非缔约国的港口或码头装置中卸下的摊款油,但摊款油仅在其在该非缔约国中被卸下后于某一缔约国中被首次接收时才应根据本项予以计入。

2.《1992年基金公约》第10条第2款对向"补充基金"支付摊款的义务作出的规定。

第11条

1.为评定(如果有的话)应付年度摊款额并计及保持足够流动资金的必要,大会应以下列预算形式为每一日历年度作出估算:

(i)支出

(a)在有关年度中"补充基金"的管理成本和开支和以前各年营业的任何亏损;

(b)在有关日历年中为偿还对"补充基金"的索赔根据第4条"补充基金"应作出的支付,包括对"补充基金"为偿还此种索赔而获得的先前货款的偿还。

(ii)收入

(a)先前各年营业的剩余资金,包括任何利息;

(b)年度摊款,如为平衡预算所需;

(c)任何其他收入。

2.大会应决定要征收的摊款总额。"补充基金"干事应根据该决定,以下列方式计算出每一缔约国中第 10 条所述的每一人员的年摊款额:

(a)在摊款系为满足第 1(i)(a)款所述支付的范围内:根据在有关国家中此种人员在上个日历年中收到的每吨摊款油的固定金额计算;和

(b)在摊款系为满足第 1(i)(b)款所述支付的范围内:根据此种人员在所述事故发生年度的前一日历年中收到的每吨摊款油的固定金额计算,但该国在事故发生之日应是本议定书的缔约国。

3.第 2 款所述的金额应以所需的摊款总额除以所有缔约国在有关年度中收到的摊款油总量得出。

4.年度摊款应在"补充基金内部条例"中规定的日期缴付。大会可决定一个不同的支付日期。

5.在"补充基金财务条例"规定的条件下,大会可决定在按第 2(a)款收到的资金和按第 2(b)款收到的资金间进行转账。

第 12 条

1.《1992 年基金公约》第 13 条的规定应适用于"补充基金"的摊款。

2.缔约国本身可按《1992 年基金公约》第 14 条规定的程序承担向"补充基金"支付摊款的义务。

第 13 条

1.缔约国应按《1992 年基金公约》第 15 条向"补充基金"干事通报油类接收信息,但根据《1992 年基金公约》第 15 条第 2 款向"1992 年基金"干事作出的通报应视为也已根据本议定书作出。

2.当缔约国未履行第 1 款所述的提交通报的义务从而造成"补充基金"的财务损失时,该缔约国应承担向"补充基金"赔偿此种损失的责任。大会应根据"补充基金"干事的建议决定该缔约国是否应支付此种赔偿。

第 14 条

1.虽有第 10 条的规定,就本议定书而言,应视为在每一缔约国中至少收到了 1 百万吨摊款油。

2.当在某一缔约国中收到的摊款油的累计量不足 1 百万吨时,在对收到的累计油量没有责任人的范围内,该缔约国应承担根据本议定书有责任为在该国领土内收到的油类向"补充基金"摊款的任何人员所负有的义务。

第 15 条

1.如果在某一缔约国中没有人符合第 10 条的条件,则该缔约国应为本议定书之目的将此通报"补充基金"干事。

2."补充基金"不应为特定事件在某一缔约国的领土、领海或专属经济区或按本议定书第3(a)(ii)条确定的地区中造成的污染损害或在任何地点采取的防止此种损害或使其最小化的预防措施支付任何赔偿,直至该缔约国履行了在该事件发生前的所有年份里按第13条第1款和本条第1款向"补充基金"干事作出通报的义务。大会应在"内部条例"中确定缔约国应被视为未履行其义务的情况。

3.在按第2款暂时拒绝赔偿时,如果在"补充基金"干事向该缔约国作出该国未进行报告的通知后的一年内仍未履行第13条第1款和本条第1款规定的向"补充基金"干事通报的义务,则应永远拒绝对该事件的赔偿。

4.应付"补充基金"的任何摊款应由支付债务人或债务人的代理人的赔偿作出抵消。

组织和管理

第16条

1."补充基金"应设有大会和以干事为首的秘书处。

2.《1992年基金公约》第17条至第20条和第28条至第33条应适用于"补充基金"的大会、秘书处和干事。

3.《1992年基金公约》第34条应适用于"补充基金"。

第17条

1.以"1992年基金"干事为首的"1992年:基金"秘书处也可履行"补充基金"秘书处和干事的职责。

2.如果"1992基金"秘书处和干事按第1款也履行"补充基金"秘书处和干事的职责,则在"1992年基金"与"补充基金"的利益有冲突时,应由大会主席代表"补充基金"。

3."补充基金"干事和由"补充基金"干事任命的、履行本议定书和《1992年基金公约》职责的职员和专家,在按本条履行其职责的范围内,不应被视为违犯本议定书第16条第2款应用的《1992年基金公约》第30条的规定。

4.大会应尽力不作出与"1992年基金"大会的决定不相容的决定。如在共同管理事项上出现不同意见,则大会应本着互相合作的精神,谨记两个组织的共同目的,设法与"1992年基金"大会达成一致意见。

5."补充基金"应向"1992年基金"偿还"1992年基金"代表"补充基金"履行管理业务而产生的所有费用和开支。

第 18 条

过渡规定

1.以第 4 款为准,单个缔约国在某一日历年中收到的摊款油的应付年度摊款的累计金额不应超过按本议定书得出的该日历年度摊款总额的 20%。

2.如果应用第 11 条第 2 款和第 3 款的规定会造成单个缔约国摊款人在某一特定日历年的应付摊款累计金额超过年度摊款总额的 20%,则该国所有摊款人的应付摊款应按比例地减少至其累计摊款等于该年"补充基金"年度摊款总额的 20%。

3.如果一特定缔约国中人员的应付摊款应按第 2 款减少,那么所有其他缔约国中人员的应付摊款应按比例地增加,以确保在所述的日历年中有责任向"补充基金"缴付摊款的人员的应付摊款总额将达到大会决定的摊款总额。

4.第 1 款至第 3 款的规定应执行至在某一日历年度中在所有缔约国中收到的摊款油总量,包括第 14 条第 1 款所述数量在内,达到了 10 亿吨,或至议定书生效之日后的 10 年期限届满,以早者为准。

最后条款

第 19 条　签署、批准、接受、核准和加入

1.本议定书应从 2003 年 7 月 31 日至 2004 年 7 月 30 日在伦敦开放供签署。

2.各国可以下列方式表示同意受本议定书约束:

(a)签署并对批准、接受或核准无保留;或

(b)签署但有待于批准、接受或核准,随后予以批准、接受或核准;或

(c)加入。

3.只有《1992 年基金公约》缔约国可成为本议定书的缔约国。

4.批准、接受、核准或加入应通过向秘书长交存一份相应正式文件作出。

第 20 条　有关摊款油的信息

在本议定书对某一国家生效前,该国应在按第 19 条第 2(a)款签署本议定书时,或在交存本议定书第 19 条 4 款所述的文件时,和此后每年在秘书长确定的日期,向秘书长通报该国中按第 10 条有责任向"补充基金"缴付摊款的任何人员的姓名和地址以及在上一日历年中任何此种人员在该国领土中收到的摊款油的相关数量。

第 21 条　生效

1.本议定书应在下列要求被满足之日后三个月生效:

(a)至少 8 个国家签署了本议定书并对批准、接受或核准无保留或向秘书

长交存了批准、接受、核准或加入文件；和

（b）秘书长收到了"1992 年基金"干事的如下通知：按第 10 条有摊款责任的人员在上一日历年中收到了总量至少为 4.5 亿吨的摊款油，包括第 14 条第 1 款所述数量。

2.对签署本议定书并对批准、接受或核准无保留或在第 1 款的生效条件已被满足后批准、接受、核准或加入本议定书的每一个国家，本议定书应在此种国家交存了相应文件之日后 3 个月生效。

3.虽有第 1 款和第 2 款的规定，对于任何国家，本议定书不应在《1992 年基金公约》对该国生效前生效。

第 22 条　大会第一次会议

秘书长应召开大会第一次会议。该次会议应在本议定书生效后尽早举行并且在任何情况下不应超过此种生效后 30 天。

第 23 条　修订和修正

1.本组织可召开修订或修正本议定书的会议。

2.应不少于 1/3 的所有缔约国的要求，本组织应召开修订或修正本议定书的缔约国会议。

第 24 条　修正赔偿限额

1.经至少 1/4 的缔约国的要求，秘书长应向本组织所有会员和所有缔约国分发有关修正第 4 条第 2(a)款规定的赔偿限额的任何提案。

2.按上述方式提议和分发的任何修正案应提交本组织法律委员会，供在分发之日后至少 6 个月的某一日期审议。

3.所有本议定书缔约国，不论是否为本组织会员，均应有权参加法律委员会审议和通过修正案的工作。

4.修正案应由在第 3 款规定的扩大的法律委员会中出席并表决的缔约国的 2/3 多数通过，但至少一半的缔约国应在表决时出席。

5.在对修正限额的提案采取行动时，法律委员会应考虑事件的经验，特别是造成的损害金额和币值变化。

6.(a)在本议定书生效之日前和在从本条规定的前一修正案的生效日期起算不满 3 年时不得审议有关本条规定的任何限额的修正案。

(b)增加后的限额不得超过相当于从本议定书开放供签署之日起至法律委员会的决定的生效之日止按复合法计算议定书规定的限额每年增加 6% 的金额。

(c)增加后的限额不得超过相当于本议定书规定的限额的 3 倍的金额。

7.在组织应将按第 4 款通过的任何修正案通知所有缔约国。在通知之日后 12 个月的期限结束时,该修正案应视为已被接受,除非在该期限内不少于 1/4 的在法律委员会通过该修正案之时为缔约国的国家向本组织作出不接受该修正案的通知;在此种情况下该修正案即被拒绝并应无效。

8.按第 7 条被视为已被接受的修正案应在接受后 12 个月生效。

9.所有缔约国均应受该修正案的约束,除非它们在该修正案生效前至少六个月按第 26 条第 1 款和第 2 款退出本议定书。此种退出应在该修正案生效时生效。

10.如果某一修正案生效,则在该修正案已被法律委员会通过但 12 个月的接受期限还未结束时成为缔约国的国家应受该修正案的约束。在该期限后成为缔约国的国家应已按第 7 款被接受的修正案的约束。在本款所述情况下,一国应在该修正案生效时,或,如果更晚的话,在本议定书对该国生效时,受该修正案的约束。

第 25 条 《1992 年基金公约》的议定书

1.如果《1992 年基金公约》规定的限额已由某一议定书增加,那么第 4 条第 2(a)款规定的限额可通过第 24 条中规定的程序增加相同金额。在此种情况下,第 24 条第 6 款的规定不应适用。

2.如果适用第 1 款中所述程序,那么就第 24 条 6 第(b)和(c)款而言,通过适用第 24 条中的程序作出的有关第 4 条第 2 款规定限额的任何修正案应根据按第 1 款增加的新限额计算。

第 26 条 退出

1.任何缔约国在本议定书对该缔约国生效之日后可随时退出本议定书。

2.退出应通过向秘书长交存一份文件作出。

3.退出应在向秘书长交存文件后 12 个月或退出文件中指明的更长期限生效。

4.退出《1992 年基金公约》应视为亦退出本议定书。此种退出应在退出修正《1971 年基金公约》的《1992 年议定书》按该议定书第 34 条生效之日生效。

5.虽然一缔约国按本条退出了本议定书,但是对于在退出生效前发生的第 11 条第 2(b)款中所述的事件,本议定书有关向"补充基金"缴付摊款义务的任何规定应继续适用。

第 27 条 大会特别会议

1.在交存退出文件后的 90 天内,任何缔约国若认为该退出的结果将极大地增加其余缔约国的摊款水平,则可要求"补充基金"干事召开大会的特别会议。"补充基金"干事应在不晚于收到该要求后 60 天召开大会。

2."补充基金"干事认为任何退出会造成其余缔约国摊款水平的极大增加,则可采取在交存此种退出文件后 60 天内召开大会特别会议的举措。

3.如果大会在按第 1 款或第 2 款召开的特别会议上确定该退出将造成其余缔约国摊款水平的极大增加,则任何此种国家可在不晚于该退出生效之日前 120 天退出本议定书并在同一日期生效。

第 28 条　终止

1.在缔约国数目不足 7 个或在剩余缔约国中收到的摊款油总量,包括第 14 条第 1 款所述数量在内,不足 3.5 亿吨时,以早者为准,本议定书应失效。

2.在本议定书失效之日的前一天受其约束的国家应能使"补充基金"履行其第 29 条中规定的职责并应,仅就此目的而言,仍受本议定书的约束。

第 29 条　补充基金的解散

1.如本议定书失效,"补充基金"仍应:

(a)对议定书失效前发生的事件履行义务;

(b)在摊款对于履行第(a)款规定的义务为必要的范围内,包括"补充基金"为此目的必要行政开支,有权行使其摊款权。

2.大会应采取一切适当措施完成"补充基金"的解散,包括在向"补充基金"缴付摊款的人员中公平分配任何剩余资产。

3.就本条而言,"补充基金"应仍然是一法人。

第 30 条　保管人

1.本议定书和根据第 24 条接受的任何修正案应由秘书长保管。

2.秘书长应:

(a)将下列事项通知签署或加入本议定书的所有国家:

(i)每一新的签署或文件交存及其日期;

(ii)本议定书的生效日期;

(iii)按第 24 条第 1 款作出的有关修正赔偿限额的任何提案;

(iv)按第 24 条第 4 款通过的任何修正案;

(v)根据第 24 条第 7 款被视为已被接受的任何修正案及该修正案按本条第 8 款和第 9 款生效的日期;

(vi)交存退出本议定书的文件及交存日期和退出生效日期;

(vii)本议定书任何一条要求的任何通报。

(b)将本议定书核证无误副本发给本议定书的所有签署国和加入国。

3.本议定书一经生效,秘书长即应按《联合国宪章》第102条将文送交联合国秘书处供登记和公布。

第31条 语言

本议定书正本一份,以阿拉伯文、中文、英文、法文、俄文和西班牙文写成。每一文本具有同等效力。

2003年5月16日订于伦敦。

以下具名者均经各自政府授权,特签署本议定书,以昭信守。

2001年国际燃油污染损害民事责任公约

公约简介:

由于1967年Torry Canyon轮近十万桶原油货油的污染事故,导致了国际间制定了1969年的油污民事责任公约,然其仅适用于来自油轮货油的污染。燃油污染问题于80年代初逐渐受到重视,CLC公约于1992年修订时(1992年CLC议定书),进一步将"油轮"的燃油污染损害纳入规范。在1992年CLC议定书的研拟期间,部分国家主张应将"所有船舶"的燃油污染纳入规范的提议或讨论。然而,由于CLC所规范的"油轮的货油或燃油"与"一般船舶的燃油"有相当的差异,为避免复杂及困扰从而影响议定书的通过,1992年CLC议定书最后仅将"油轮的燃油污染"纳入,而不包括"一般船舶的燃油污染"。

在1994年IMO海洋环境保护委员会(MEPC)第三十八届会议上,澳洲提议MEPC发展国际燃油污染损害赔偿机制。MEPC随后请IMO法律委员会考虑,法律委员会于稍后的1995年第七十三届会议组成工作小组讨论此课题。实际上在1996年HNS公约起草阶段,IMO法律委员会曾建议将燃油污染纳入该公约,但因许多国家主张燃油污染应独立立法,而使燃油污染未被纳入1996年HNS公约架构之下。

燃油污染损害赔偿稍后成为1996年的IMO法律委员会第七十五届大会的主要议题。在该大会上,英国代表提出一份由U.K. P&I Club于1993年制作的重大赔偿案件分析报告,该报告指出,有近半数的污染索赔是来自"非货油"。同年,IMO法律委员会提出燃油公约草案,在经过前后6年的讨论后,公约于2001年3月23日完成签署。

在整个燃油公约的起草过程中,有几个重要的争议主题,分别为:燃油污染是否应为严格责任;燃油污染责任限额及强制保险及证明。

公约草案最早是由英国于1996年提出的整部草案基本上是在1992年

CLC 公约议定书及 1996 年 HNS 公约的架构及责任基础上拟定的。草案拟定当时,本拟有两套草案:一为独立的燃油公约草案;另一是以修订 CLC 公约的议定书方式,将燃油污染纳入 CLC 体系中,以较具弹性为由,公约后来决定以单独立法(free-standing convention)的方式处理。

国际间经过将近 10 年来的发展及 5 年来的密集讨论,燃油污染损害民事责任国际公约于 2001 年 3 月 23 日在国际海事组织 IMO 伦敦总部由各国代表完成签署。燃油公约规定该公约在 18 个缔约国(其中应包括 5 个船舶吨位超过 100 万总吨的国家)批准、认可或加入的 1 年后生效。虽然具同性质的 1992 年油污民事责任公约 CLC 及 1992 年基金公约 FUND 议定书已广为各国所接受,并均于签署 4 年后的 1996 年即已生效实施,然而由于燃油公约所规定的保险证明及财务担保制度尚未取得全面共识,特别是来自 P&I 保险方面的明确全面支持,加上要求的生效国门槛过高,因此燃油公约何时生效还有待观察。

在整体规范及责任架构上,燃油公约与《1992 油污民事责任公约》(CLC)或《1996 年国际海上运送有毒有害物质损害责任和赔偿公约》(HNS 公约)甚为相似。事实上,燃油公约多数条文,甚至用语,亦多援用前述两公约之内容。值得注意的是,由于燃油公约是适用于所有船舶(1000 总吨以上的船舶须具备财务担保证明),而非像 CLC 公约原则上仅适用于油轮(及载有货油的油矿船),或 HNS 公约原则上仅适用于运载有毒有害物质的船舶,其结果是,几乎所有的海船船舶所有人均有适用的余地。而其中影响最大的是财务担保的适用,亦即,在公约生效后,1000 总吨以上的所有船舶,其船上均应备有不低于 1976 年海事赔偿责任限制公约(或该公约的任何修订议定书)最高责任限额的保险证明或财务担保。

正文:

本公约各缔约国,

根据《1982 年联合国海洋法公约》第 194 条的规定,缔约国应该采取所有必要的措施防止、减少和控制海洋环境污染。

同时根据上述公约第 235 条,为了确保能对由海洋环境污染所导致的所有损害进行及时和充足的赔偿,各缔约国应该在相关国际法规则的进一步发展中进行合作。

注意到《1992 年国际油污损害民事责任公约》和《1992 年设立国际油污损害赔偿基金国际公约》在确保向由于海船承载的油类泄露或卸载所导致的损害的受害人进行赔偿过程中所取得的成功,也注意到为向海上运输有毒有害物质所导致的损害提供适当、及时和有效的赔偿,《1996关于海上运输有害有毒物质损害责任和赔偿的国际公约》的适用,认识到对与责任限制有关的任何形式的油类污染建立严格责任的重要性,考虑到为保证对船舶燃料油泄露或卸载造成的污染损害进行及时和适当的赔偿而采取补充方法是必要的,本着通过统一的国际规则和程序,以便确定在这类事件下的责任问题,并提供适当赔偿的愿望,兹协议如下:

第一条　定　义

就本公约而言:

1."船舶"是指任何类型的海船和海上航行器。

2."人员"是指任何个人或合伙人或任何公共或私人机构,不论是否为法人,包括国家或其任何组成部分。

3."船舶所有人"是指船舶所有人包括船舶登记所有人、光船承租人、船舶经营人和管理人。

4."船舶登记所有人"是指登记为船舶所有人的一个或多个人员,或者没有登记时,则是指拥有船舶的人。然而,当船舶为国家所有并由在该国登记为船舶经营人的公司所经营时,"船舶登记所有人"即指这种公司。

5."燃油"是指任何用来或者拟用来操纵和推进船舶的烃类矿物油,包括润滑油,以及此类油的任何残余物。

6."民事责任公约"是指修改后的《1992年国际油污损害民事责任公约》。

7."预防措施"是指事件发生后由任何人采取的为防止或减轻污染损害的任何合理措施。

8."事件"是指造成污染损害或导致这种损害的严重而紧迫的危险的由同一原因所引起的事件或一系列事件。

9."油污损害"是指:

(a)由于船舶泄漏或排放油类,而在船舶之外因污染而造成的损失和损害,不论这种泄漏或排放发生于何处,但是,对环境损害的赔偿,除这种损害所造成的利润损失外,应限于已实际采取或行将采取的合理复原措施的费用;

(b)预防措施的费用和因预防措施而造成的进一步损失或损害。

10."船舶登记国",就登记的船舶而言,是指对船舶进行登记的国家,就未登记的船舶而言,是指此船舶有权悬挂该国国旗的国家。

11."总吨位"是指根据《1969年国际船舶吨位丈量公约》附件1中规定的丈量规则计算出来的总吨位。

12."本组织"是指国际海事组织。

13."秘书长"是指本组织的秘书长。

第二条　适用范围

本公约仅适用于：

(a)在下列区域内造成的污染损害：

(i)缔约国的领土，包括领海，以及，

(ii)缔约国根据国际法设立的专属经济区，或者，若缔约国尚未设立这种区域，则为该国根据国际法所确定的超出并毗连其领海的区域，且自该国测量其领海宽度的基线算起，外延不超过 200 海里。

(b)为防止或减轻这种损害而在无论何地所采取的预防措施。

第三条　船舶所有人责任

1.除本条第 3 款和第 4 款的规定外，在事故发生时，船舶所有人应对事故引起的任何由于船上装载的或者来源于船舶的燃料油所造成的污染损害负责，如果该事件包括一系列事故，那么船舶所有人的赔偿责任自第一次事故发生时起算。

2.如果根据第 1 款有 1 个以上的人应对事件负责，那么这些人负连带责任。

3.船舶所有人如能证实损害系属于以下情况，即对之不负责任：

(a)由于战争行为、敌对行为、内战或武装暴动或特殊的、不可避免的和不可抗拒性质的自然现象所引起的损害；

(b)完全是由于第三者有意造成损害的行为或不作为所引起的损害；

(c)完全是由于负责灯塔或其他助航设备的维修、保养的政府或其他主管当局在履行其职责时的疏忽或其他过失行为所造成的损害。

4.若船舶所有人证明，污染损害完全或部分地是由于受害人有意造成损害的行为或不为，或是其疏忽而引起的，则该船舶所有人即可全部或部分地免除对该人所负的责任。

5.不得对船舶所有人作出本公约规定以外的污染损害赔偿。

6.本公约的任何条款不得有损于船舶所有人拥有的独立于本公约之外的追偿权利。

第四条　除外责任

1.本公约不适用于民事责任公约所规定的污染损害，而不论这种污染在该公约下能否得到赔偿。

2.除本条第 3 款规定外，本公约各项规定不适用于军舰、海军辅助船舶或其他为国家所有或经营的、在当时仅用于政府的非商业性服务的船舶。

3.缔约国可以决定对其军舰或本条第 2 款所规定的其他船舶适用本公约,在此种情况下,缔约国应通知秘书长适用本公约的条款和条件。

4.对于为一缔约国所有并用于商业目的的船舶,每一国家都应接受第 9 条所规定的管辖权范围内的诉讼,并放弃一切以主权国地位为根据的抗辩。

第五条　涉及两艘或多艘船舶的事故

当发生涉及两艘或两艘以上船舶的事故并造成污染损害时,所有有关船的所有人,除按第 3 条获得豁免者外,应对所有无法合理分开的这类损害负连带责任。

第六条　责任限制

本公约的任何条款不得影响船舶所有人与提供保险和经济担保的人在任何可以适用的内国或国际法律制度中,诸如经修订的《1976 年海事赔偿责任限制公约》,的情况下,享受责任限制的权利。

第七条　强制保险和财务担保

1.已登记的船舶所有人在一缔约国内登记拥有 1000 总吨以上船舶的,必须进行保险或取得其他财务担保,诸如银行或类似金融机构的担保,以便按其适用的内国或国际责任限制法律中的规定承担其对油污损害所应负的责任,但是在任何情况下不得超过修改后的《1976 年海事赔偿责任限制公约》中所规定的数额。

2.缔约国的主管当局在确信第 1 款的要求已经得到满足之后,应向每艘船舶颁发一份证明保险或其他财务担保根据本公约的规定乃属有效的证书。对于在缔约国登记的船舶,这种证书应由船舶登记国的主管当局颁发或认证;对于非在缔约国登记的船舶,证书可由任何一个缔约国的主管当局颁发或认证。证书应以所附样本的格式为准,并应包括下列各项:

(a)船名、识别号或字母和登记港;

(b)船舶登记所有人的名称和主要营业地;

(c)IMO 船舶辨认号码;

(d)担保的类别和期限;

(e)保险人或提供保证的其他人的名称及主要营业地点,如可能,则包括设立的保险或担保的营业地点;

(f)证书的有效期,该有效期不得超过保险或其他担保的有效期限。

3.(a)缔约国可以授权其认可的机构或组织签发第 2 款所规定的证书。该机构或组织应向该国报告每张证书的签发。在任何情况下,该缔约国应完全保证其签发证书的完整性和准确性,还应该承诺保证为履行其义务作出必要的安排。

(b)缔约国应通知秘书长：

(i)向其认可的机构或组织授权的具体责任和条件；

(ii)对该授权的撤销；

(iii)授权或撤销授权的生效日期。

该授权应自向秘书长递交有关通知的日期起 3 个月后方能生效。

(c)依据本款可以签发证书的授权机构或组织至少应该被授予,在签发这些证书的条件无法得到维持时可撤销这些证书的权力。在任何情况下,该机构或组织应向其代表的缔约国报告证书的撤销。

4.证书应以颁发国的一种或数种官方语言写成,如所用文字非英文、法文或西班牙文,则全文应包括译成该三种文字之一的译文,如果缔约国如此决定,那么该国官方文字可以被省略。

5.证书应携带于船上,其一份副本应交由保存该船登记记录的主管当局收存,若该船未在缔约国登记,则应由签发或确认此证书的国家主管当局收存。

6.一项保险或其他财务担保,若不是由于本条第 2 款所述证书上规定的该保险或担保的有效期满的原因,而是从本条第 5 款所指的向当局送交终止通知书之日起未满 3 个月即予以终止,则视为不符合本条的要求,除非该证书已送交上述有关当局,或在此期间内已签发新的证书。上述规定应同样适用于使保险或担保不再满足本公约各项要求而作出的任何修改。

7.船舶登记国应按本条各项规定,决定证书的签发条件和有效期限。

8.本公约任何条款不得被解释为阻止一个缔约国为了本公约之目的,从与保险或财务担保提供者的财政支持相关的其他国家或本组织或其他国际组织获得信息。若发生此情况,则获得信息的缔约国并不解除其按照第 2 条之规定签发证书的义务。

9.就本公约而言,经缔约国授权颁发或认证的证书,应被其他当事国接受,并应被其他当事国视为与由其颁发或认证的证书具有同等效力,即使是对不在当事国登记的船舶所颁发或认证亦然。当事国若认为保险证书中所指明的保险人或担保人在经济上不能履行本公约规定的义务,则可随时要求和发证或认证国磋商。

10.对污染损害的任何索赔,可向保险人或提供财务担保的其他人直接提出,在这种情况下,被告可以援用船东本可援用的抗辩(除非船舶所有人破产或关闭息业),包括第 6 条规定的责任限制。同时,即使被告人仍可援引第 1

款规定的保险和其他财务担保所要求保持的同等数量的责任限制。除此以外,被告人可以提出抗辩,说明污染损害是由于船舶所有人的故意的不当行为所造成的,但不得援用在船舶所有人向其提出的诉讼中可援引的抗辩。在任何情况下,被告有权要求船舶所有人参加诉讼。

11.除非根据本条第2款或第14款已予颁发证书,各缔约国在任何时候不得允许本条适用的悬挂其旗帜的船舶从事营运。

12.根据本条的各项规定,各缔约国应根据其国内法保证,对于进入或驶离其领土的任一港口,或抵达或驶离其领海范围内的任一海上装卸站的任何船舶,不论该船在何处登记,只要该船的总吨超过1000总吨,在本条第1款规定范围内的保险与其他担保均为有效。

13.尽管有第5款的规定,为满足第12款的要求,各缔约国在被适用第1款的船舶进入或驶离其领土内的港口,或抵达或驶离其领海范围内的海上装卸站时,可以通知秘书长该船可以不被要求随船携带或出示第2款所要求的证书,只要缔约国已经根据第2款要求签发证书并且通知秘书长其持有电子格式的记录,以便让各缔约国查询,并保证证书的存在,同时可使各缔约国不承担第12款下的义务。

14.如果是缔约国所有的船舶未进行保险或未取得其他财务担保,本条与此有关的各项规定不得适用于该船。但该船应备有一份由船舶登记国有关当局签发的证书,声明该船为该国所有,并且该船的责任限制在本条第1款规定的限度内,上述证书应尽可能严格遵照本条第2款所规定的范本。

15.缔约国可在批准、接受、认可或加入本公约时,或在此后任何时间内,宣布本条不适用于专门的第2条第(a)(i)规定区域内从事作业的船舶。

第八条 时 效

如果不能在损害发生之日起3年内提出诉讼,按本公约要求赔偿的权利即告失效。无论如何不得在引起损害的事件发生之日起6年之后提出诉讼。如该事件包括一系列事故,6年的期限应自第一个事故发生之日起算。

第九条 管辖权

1.当某一事件在一个或若干个缔约国的领土,包括领海或第2条第(a)(ii)款所述的区域中造成了污染损害,或已在上述领土、包括领海或此类区域中采取了防止或减轻污染损害的预防措施时,对船舶所有人、保险人或其他为船舶所有人的赔偿责任提供担保的人提起的索赔诉讼,仅可在上述任何缔约国的法院提起。

2.任何根据第1款提起的诉讼应该合理地通知每一个被告人。

3.每一缔约国都应保证其法院具有处理上述赔偿诉讼的管辖权。

第十条　承认与执行

1.由具有第 9 条所述管辖权的法院所作的任何判决,若可在原判决国实施而无须通常的复审手续时。除下列情况外,应为各缔约国所承认:

(a)判决是以欺诈取得的;

(b)未给被告人以适当的通知和陈述其立场的公正机会。

2.按本条第 1 款确认的判决,一经履行各缔约国所规定的各项手续得到之后,便应在该国立即执行。这些手续不允许对案件的实体问题予以重审。

第十一条　替代条款

本公约应取代正在实施中的或在本公约开放供签字之日处于开放供签字、批准或加入的任何国际公约,但只限于与本公约相抵触者。但是本规定不得影响根据上述国际公约缔约国对非缔约国应负的各项义务。

第十二条　签字、批准、接受、认可和加入

1.本公约自 2001 年 10 月 1 日起至 2002 年 9 月 30 日止在本组织的总部开放以供签字,此后将继续开放以供接受。

2.各国可以通过以下方式成为本公约的缔约国:

(a)签字,并对批准、接受或核准无保留;

(b)签字,但有待批准、接受或核准作出保留,随后予以批准、接受或核准;

(c)加入。

3.批准、接受、认可或加入本公约应以正式文件送交本组织秘书长收存,方为有效。

4.凡在本公约修正案对现有各缔约国生效之后或在修正案生效所需各项措施对现有各缔约国已告完成之后交存的批准、接受、核准或加入的任何文件,应被认为是适用于按修正案已作修改的公约。

第十三条　多法域国家

1.若一个国家有两个或两个以上使用不同的法域的领土单位与本公约所处理的事务有关,其可以在签字、批准、接收、认可和加入的时候声明该公约适用于其所有领土单位的范围或只适用于其中的一个或多个,还可以在任何时候通过提交另外一份声明来更改这份声明。

2.任何这样的声明都应该通知秘书长,且应该明确地宣布适用本公约的领土单位。

3.关于已经作出此声明的缔约国:

(a)第 1 条第 4 款中"登记船舶所有人"的定义如果涉及一个国家,那么应该被解释为也涉及这样一个领土单位;

(b)公约中所涉船舶的登记国、强制保险证书和证书签发国或确定国的部分,应该被解释为也涉及相关的登记船舶、颁发和签发证书的领土单位;

(c)公约中所要求内国法具备的条件,应该被解释为相关的领土单位的法律也应具有同样的条件;

(d)第 9 条和第 10 条涉及的必须被缔约国认可的法院和判决的部分,应该被解释为也必须分别地得到相关领土单位的认可。

第十四条　生　效

1.本公约应自 18 个国家经签字无保留地批准、接受或认可或向秘书长交存批准、接受、认可或加入的文件之日起 1 年后生效,其中 5 个国家其各自的总船舶不少于 1000000 总登记吨。

2.对于在第 1 款规定的生效条件已满足后批准、接受、认可或加入本公约的国家,本公约应自该国交存适当文件之日起 3 个月后对该国生效。

第十五条　退　出

1.各缔约国在本公约对各该国生效之后可随时退出本公约。

2.退出本公约应向秘书长收存一份文件之后,方为有效。

3.退出本公约应在向本组织秘书长交存文件 1 年后,或文件中载明的较此为长的期限后开始生效。

第十六条　修订或修正

1.修订或修正本公约的会议,可由本组织召开。

2.经不少于 1/3 缔约国的要求,本组织应召开修订或修正本公约的缔约国会议。

第十七条　保　管

1.本公约应送交秘书长收存。

2.秘书长应:

(a)通知所有已签署或加入本公约的国家:

(i)每一新的签署或新的文件的交存及其日期;

(ii)本公约的生效日期;

(iii)交存任何退出本公约的文件,连同交存的日期及其生效日期;

(ⅳ)其他本公约下的通知。

(b)将本公约核证无误的副本分送所有签字国和所有加入本公约的国家。

第十八条　送交联合国

本公约一经生效,本组织秘书长应按照《联合国宪章》第 102 条的规定将公约文本送交联合国秘书处,以供登记与公布。

第十九条　文　字

本公约正本一份,用阿拉伯文、中文、英文、法文、俄文和西班牙文写成,各种文本具有同等效力。

2001 年 3 月 23 日订于伦敦。

下列具名者,均经各自政府授权,特签署本公约,以昭信守。

1990 年国际油污防备、反应和合作公约

简　介

国际海事组织于 1990 年 11 月 19 日至 30 日在伦敦召开了外交大会,有 93 个国家和 17 个国际组织代表或观察员出席了会议,香港也派员列席。会议通过了《1990 年国际油污防备、响应和合作公约》。11 月 30 日,包括中国在内的 81 个国家签署了公约的最终议定书。虽然受本国政府授权签署公约的有 15 个国家,但是都声明"有待批准"。至 1992 年底,只有美国、瑞典、塞舌尔、埃及和澳大利亚正式加入该公约。公约的生效条件是 15 个国家加入,没有船舶总吨位约束条件。

公约主要内容:

本公约的目的是促进各国加强油污防治工作,强调有效防备的重要性,在发生重大油污事故时加强区域性或国际性合作,采取快速有效的行动,减少油污造成的损害。

公约要求所有船舶、港口和近海装置都应具备油污应急计划,并且港口国当局有权对此进行监督检查。

公约规定所有肇事船舶和其他发现油污事故的机构或官员应毫不延迟地向最近的沿岸国报告。各国在接到报告后应采取行动,并进行通报。

公约还规定了各缔约国应建立全国性油污防备和响应体系;各国之间可建立双边或多边、地区性或国际性的技术合作。

公约的附则对援助费用的偿还作了规定。

1990 年国际油污防备、响应和合作公约

(由油污防备和响应国际合作会议通过的文本,本公约于 1995 年 5 月 13 日生效。中华人民共和国于 1998 年 3 月 20 日交存加入书。1998 年 6 月 30 日对我生效)

本公约缔约国,意识到保护人类环境,特别是海洋环境的必要性,认识到船舶、近海装置、海港和油装卸设施的油污事故对海洋环境构成的严重威胁,注意到预防措施和防止工作对于在开始时避免油污的重要性,严格实施有关海上安全和防止海洋污染的现有国际文件,特别是经修正的《1974年国际海上人命安全公约》和经修正的《经1978年议定书修订的1973年国际防止船舶造成污染公约》的必要性,以及提高运油船舶和近海装置的设计、操作和保养标准的迅速发展,又注意到,在发生油污事故时,迅速有效的行动对于减少此种事故可能造成的损害是必要的,强调为抗御油污事故做好有效准备的重要性及石油和航运界在这方面具有的重要作用,进一步认识到在诸种事项中相互支援和国际合作的重要性,其中包括交换各国对油污事故响应能力的资料、制定油污应急计划、交换对海洋环境或各国海岸线和有关利益可能造成影响的重要事故的报告和研究与开发海洋环境中抗御油污的手段等,考虑到"污染者付款"的原则是国际环境法的普遍原则,还考虑到包括《1969年国际油污损害民事责任公约》(以下简称《责任公约》)、《1971年建立国际油污赔偿基金国际公约》(以下简称《基金公约》)在内的有关国际油污损害赔偿责任的国际文件的重要性,以及《责任公约》和《基金公约》的1984年议定书尽早生效的迫切需要,进一步考虑到包括区域性公约和协定在内的双边和多边协定和安排的重要性,注意到《联合国海洋法公约》,特别是其第Ⅻ部分的有关规定,认识到根据发展中国家,特别是小的岛屿国家的特别需要,促进国际合作,提高国家、区域和全球油污防备和响应能力的需要,考虑到缔结《国际油污防备、响应和合作公约》可以最好地达到上述目的,兹协议如下:

第1条　总则

(1)各缔约国承诺,按照本公约及其附件的规定,各自地或联合地对油污事故采取一切适当的防备和响应措施。

(2)本公约的附则为本公约的组成部分,凡提及本公约,同时构成提及其附则。

(3)本公约不适用于任何军舰、军用辅助船或由国家拥有或使用并在当时用于政府非商业性服务的其他船舶。但每一缔约国应采取不影响由其拥有或使用的这类船舶的作业或作业能力的适当措施,确保此种船舶在合理和可行时,以符合本公约的方式活动。

第2条　定义

就本公约而言:

(1)"油"系指任何形式的石油,包括原油、燃油、油泥、油渣和炼制产品。

（2）"油污事故"系指同一起源的一起或一系列造成或可能造成油的排放，对海洋环境或对一个或多个国家的海岸线或有关利益方构成或可能构成威胁，需要采取应急行动或其他迅速响应措施的事故。

（3）"船舶"系指在海洋环境中营运的任何类型的船舶，包括水翼船、气垫船、潜水器和任何类型的浮动艇筏。

（4）"近海装置"系指从事气或石油的勘探、开发或生产活动或油的装卸的任何固定或浮动的近海装置。

（5）"海港和油装卸设施"系指具有油污事故风险的设施，尤其包括海港、油码头、管道和其他装卸油的设施。

（6）"本组织"系指国际海事组织。

（7）"秘书长"系指本组织的秘书长。

第 3 条　油污应急计划

（1）(a)每一缔约国应要求有权悬挂其国旗的船舶在船上备有由本组织为此目的通过的规定所要求的并符合此种规定的油污应急计划。

（b)按本条(a)要求在船上应备有的油污应急计划的船舶，在某一缔约国管辖的港口或近海装卸站时，须根据现行国际协定或国内立法所规定的做法，接受由该缔约国正式授权的官员的检查。

（2）每一缔约国应要求由其管辖的近海装置的经营人备有油污应急计划；该计划应与按第 6 条设立的国家系统相协调并按国家主管当局规定的程序核准。

（3）每一缔约国应视情要求负责由其管辖的此种海港和油的装卸设施的当局或经营人备有油污应急计划或类似安排，此种计划或安排应与按第 6 条设立的国家系统相协调并按国家主管当局规定的程序核准。

第 4 条　油污报告程序

（1）每一缔约国应：

（a)要求负责悬挂其国旗的船舶的船长或其他人员和负责由其管辖的近海装置的人员，将其船舶或近海装置发生或可能发生排油的任何事件及时报告给：

（i)对于船舶，最近的沿海国；

（ii)对于近海装置，管辖该装置的沿海国。

（b)要求负责悬挂其国旗的船舶的船长和其他人员和负责由其管辖的近海装置的人员，将发现的海上排油或出现油迹的事件及时报告给：

（i)对于船舶，最近的沿海国；

(ii)对于近海装置,管辖该装置的沿海国。

(c)要求负责由其管辖的海港和油装卸设施的人员,将任何排油和出现油迹的事件及时报告国家主管当局。

(d)指示其海上巡视船舶或飞机及其他适当机构或官员,视情及时向国家主管当局或最近沿海国报告在海上或在海港或油装卸设施发现的排油或出现油迹的事件。

(e)要求民用飞机驾驶员及时向最近沿海国报告发现的海上排油或出现油迹的事件。

(2)按本组织制定的要求并根据本组织通过的导则和普遍原则,作出 1(a)(i)中规定的报告。在可行时,应按照本组织制定的导则和普遍原则,作出 1(a)(ii)、(b)、(c)和(d)中规定的报告。

第 5 条　收到油污报告时的行动

(1)缔约国每当收到第 4 条所述的报告或其他来源提供的污染信息时,应:

(a)对事件作出评估,以判断是否发生了油污事故;

(b)对油污事故的性质、范围和可能的后果作出评估;和

(c)然后将该报告或污染信息连同下述资料及时通知其利益受到或可能受到该油污事件影响的所有国家;

(i)评估的详细情况和已经或准备采取的任何处理该事故的措施;和

(ii)进一步的相应资料,直至对该事故采取响应行动已经结束或这些国家已决定采取联合行动时为止。

(2)当该油污事故严重到需要这样做时,各缔约国应直接地或在适当时通过有关的区域性组织或安排,将(1)(b)和(c)中所述的资料提供给本组织。

(3)当油污事故严重到需要这样做时,促请受到该事故影响的其他国家直接地或在适当时通过有关的区域性组织或安排,将它们对其利益所受威胁的程度所作出的评估以及已经或准备采取的任何行动通知本组织。

(4)各缔约国在与其他当事国和本组织交换资料和进行联系时,应尽可能使用本组织制定的油污报告系统。

第 6 条　国家和区域的防备和响应系统

(1)每一缔约国应建立对油污事故采取迅速和有效的响应行动的国家系统。此系统至少应包括:

(a)指定:

(i)负责油污防备和响应工作的国家主管当局;

(ii)国家行动联络点,此种联络点应负责收受或发送第 4 条所述的油污报告;和

(iii)有权代表该国请求援助或决定按请求提供援助的当局。

(b)国家防备和响应应急计划,该计划包括各种公共或私人机构间的组织关系,考虑到本组织制定的导则。

(2)此外,每一缔约国,在其力所能及的范围内,各自或通过双边或多边合作,并在适当时与石油界和航运界、港口当局及其他有关实体合作应设立:

(a)与有关风险相称的最低水平的预先设置的抗溢油设备以及它们的使用方案;

(b)油污响应组织的演习和有关人员培训的方案;

(c)详细的油污事故响应计划和始终具备的通讯能力;和

(d)对油污事故响应工作进行协调的机构或安排;如果需要,它们应具备调动必要的人力和物力的能力。

(3)每一缔约国应确保直接地或通过有关的区域性组织或安排,向本组织提供下列最新资料:

(a)上述 1(a)中所述的当局和实体的地点、电信资料及(如果适当的话)其负责区域;

(b)关于在接到请求时可向他国提供的油污响应设备和油污响应及海上救助方面专门技术的资料;和

(c)其国家应急计划。

第 7 条 油污响应工作的国际合作

(1)各缔约国同意,在油污事故严重到需要这样做时,在受到或可能受到油污事故影响的任何缔约国提出请求时,它们将根据其能力和具备的有关人力和物力,为油污事故的响应工作进行合作并提供咨询服务、技术援助和设备。此种援助费用的资金应根据本公约附则所列规定处理。

(2)请求援助的缔约国可要求本组织协助查找上述(1)中所述费用的临时资金来源。

(3)按照适用的国际协定,每一缔约国均应采取必要的法律和行政措施,为下列事项提供便利:

(a)从事油污事故响应工作或运输处理此种事故所需人员、货物、材料和设备的船舶、飞机和其他运输工具抵离其领土和在其领土内使用;和

(b)上述(a)中所述人员、货物、材料和设备迅速进入、通过和离开其领土。

第 8 条　研究和开发

(1)各缔约国同意直接地和在需要时通过本组织或有关的区域性组织或安排,在推广和交流旨在提高当前油污防备和响应最新水平的研究和开发项目的成果方面进行合作,其中包括监视、围控、回收、消除、清除和其他减少或减轻油污影响和恢复的工艺技术。

(2)为此,各缔约国承诺,直接地或在需要时通过本组织或有关的区域性组织或安排,在各缔约国的研究机构间建立必要的联系。

(3)各缔约国同意,直接或通过本组织或有关区域性组织或安排进行合作,以促进在适当时经常性地举行包括抗油污技术和设备的发展在内的有关问题国际专题讨论会。

(4)各缔约国同意,鼓励通过本组织或其他有关国际组织,制定相容的抗油污技术和设备的标准。

第 9 条　技术合作

(1)各缔约国承诺,直接或通过本组织或其他适当的国际机构,在油污防备和响应方面,向请求技术援助的当事国提供下述支援:

(a)培训人员;

(b)确保可获得有关的技术、设备和设施;

(c)便利油污事故防备和响应的其他措施和安排;和

(d)开展联合研究和开发项目。

(2)各缔约国承诺,按照其国内法律、规则和政策,在转让油污防备和响应的技术方面积极合作。

第 10 条　促进防备和响应方面的双边和多边合作

各缔约国应努力缔结关于油污防备和响应的双边或多边协定。此种协定的副本应送交本组织;本组织应在缔约国要求时提供此种副本。

第 11 条　与其他公约和国际协定的关系

本公约的任何规定均不得被解释为可改变由其他公约和国际协定规定的任何缔约国的权利和义务。

第 12 条　机构安排

(1)在本组织同意和具备开展活动所需的充足的人力和物力的前提下,各缔约国指定本组织履行下述职责和开展下述活动:

(a)资料服务:

(i)收受、整理和应要求散发各缔约国提供的资料[参见第 5(2)条、第 5(3)条、第 6(3)条和第 10 条]和其他来源提供的有关资料;和

(ii)在查找费用的临时资金来源方面提供帮助[参见第7(2)条]。

(b)教育和培训：

(i)促进油污防备和响应方面的培训工作(参见第9条)；和

(ii)促进国际专题讨论会的举行[参见第8(3)条]。

(c)技术服务：

(i)促进研究和开发方面的合作[参见第8(1)条、第8(2)条和第8(4)条和第9(1)(d)条]。

(ii)对建立国家或区域的响应能力的国家提供咨询；和

(iii)分析缔约国提供的资料[参见第5(2)条和第5(3)条、第6(3)条和第8(1)条]和其他来源提供的有关信息并向各国提供咨询和资料。

(d)技术援助：

(i)便利向建立国家或区域响应能力的国家提供技术援助；和

(ii)应面临重大油污事故国家的要求，便利提供技术援助和咨询。

(2)在执行本条所述的活动时，本组织应借鉴各国的经验，利用区域性协定和工业界安排，努力加强各国独自的或通过区域性安排的防备和抗御油污事故的能力，并对发展中国家的需要给予特别的注意。

(3)本条的规定应按本组织制订的方案执行并经常加以检查。

第13条　公约的评估

各缔约国应根据本公约的宗旨，特别是合作和援助的原则，在本组织内对本公约的有效性作出评估。

第14条　修正案

(1)本公约可以根据下列各款规定的某一程序予以修正。

(2)经本组织审议后的修正案：

(a)本公约的缔约国提出的任何修正案，均应提交本组织，并应由秘书长在审议前至少6个月将其散发给本组织的所有会员国和所有缔约国。

(b)按上述方式提出和散发的任何修正案，均应提交本组织的海上环境保护委员会审议。

(c)本公约的缔约国，不论是否本组织的会员国，均有权参加海上环境保护委员会的会议。

(d)修正案只能由出席会议并参加表决的本公约缔约国的2/3多数通过。

(e)修正案若按(d)获得通过，则秘书长应将其通知本公约的所有缔约国，以供接受。

(f)(i)本公约条款或附则的修正案，在其被2/3的缔约国接受之日即应视为已被接受。

(ⅱ)附录的修正案,在海上环境保护委员会于通过它时所确定的不少于10个月的时限满期时,即应视为已被接受,除非在此时限内,有不少于1/3的缔约国通知秘书长表示反对。

(g)(ⅰ)按(f)(ⅰ)被接受的本公约条款或附则的修正案,对于已通知秘书长接受该修正案的缔约国,应在修正案被视为已接受之日后6个月生效。

(ⅱ)按(f)(ⅱ)被接受的附录的修正案,除在接受之日前已表示反对该修正案的缔约国外,对于其他所有缔约国,应在修正案被视为已接受之日后6个月生效。缔约国可通过向秘书长提供一份书面通知,随时撤销原先的反对。

(3)会议通过的修正案:

(a)应某一个缔约国要求并得到至少1/3的缔约国同意,秘书长应召开本公约缔约国会议,审议本公约的修正案。

(b)经此种会议由出席并参加表决的缔约国的2/3多数通过的修正案,应由秘书长通知所有缔约国,以供接受。

(c)除非会议另有规定,否则该修正案应被视为已按(2)(f)和(2)(g)中规定的程序接受和生效。

(4)构成附则或附录增补的修正案,应按适用于附则修正案的程序通过和生效。

(5)任何缔约国,如未接受(2)(f)(ⅰ)规定的条款或附则的修正案或未接受(4)规定的构成附则或附录增补的修正案,或已通知反对(2)(f)(ⅱ)规定附录的修正案,只对该修正案的适用范围而言,视为非缔约国。在其提交了(2)(f)(ⅰ)中规定的接受通知或提交了(2)(g)(ⅱ)中规定的撤销反对的通知后,这种对待即应终止。

(6)秘书长应将根据本条生效的任何修正案连同其生效日期通知所有缔约国。

(7)依据本条规定对某一项修正案作出的接受、反对或撤销反对的通知,应以书面形式通知秘书长。秘书长应将此种通知书及其收到日期通知本公约缔约国。

(8)本公约的附录只应包含技术性规定。

第15条　签署、批准、接受、核准和加入

(1)本公约自1990年11月30日至1991年11月29日止在本组织总部开放供签署,其后仍开放供加入。任何国家可以以下列方式成为本公约的缔约国:

(a)签署而不需批准、接受或核准;或

(b)签署但有待批准、接受或核准,随后予以批准、接受或核准;或

(c)加入。

(2)批准、接受、核准或加入,应向秘书长交存一份相应文件。

第 16 条　生效

(1)本公约应在不少于 15 个国家已签署本公约而不需批准、接受或核准或已按第 15 条交存必需的批准、接受、核准或加入文件之日后 12 个月生效。

(2)对于在达到本公约的生效条件之后,但在生效之日以前交存批准、接受、核准或加入文件的任何国家,此种批准、接受、核准或加入应在本公约生效之日生效,或在该文件交存之日后 3 个月生效,以日期迟者为准。

(3)对于在本公约生效之日后交存批准、接受、核准或加入文件的国家,本公约应在文件交存之日后 3 个月生效。

(4)在本公约的修正案按第 14 条规定被视为已被接受之日后,任何批准、接受、核准或加入文件应适用于经修正的本公约。

第 17 条　退出

(1)任何缔约国,在本公约对其生效之日起满 5 年后,可随时退出本公约。

(2)退出应向秘书长提交书面通知。

(3)退出应在秘书长收到退出通知书后 12 个月或在该通知书中所指明的任何更长时限满期后生效。

第 18 条　保存人

(1)本公约应由秘书长保存。

(2)秘书长应:

(a)将下列情况通知已签署或加入本公约的所有国家;

(i)每一新的签署或批准、接受、核准或加入文件的交存及其日期;

(ii)本公约的生效日期;和

(iii)退出本公约的任何文件的交存及其收到日期和退出的生效日期。

(b)将本公约核证无误的副本送交已签署或加入本公约的所有国家的政府。

(3)本公约一经生效,保存人便应按《联合国宪章》第 102 条将一份核证无误的副本送交联合国秘书长,以供登记和公布。

第 19 条　语言

本公约正本一份,用阿拉伯文、中文、英文、法文、俄文和西班牙文写成;每种文本具有同等效力。

下列具名者均经各自政府正式授权,特签署本公约,以昭信守。

1990 年 11 月 30 日订于伦敦。

附则援助费用的偿还

(1)(a)除非在油污事故发生前已经缔结双边或多边的关于缔约国处理油污事故行动的财务安排的协定,各缔约国应按下列(i)和(ii)承担各方处理污染行动的费用;

(i)如果某一缔约国的行动系应另一缔约国的明确请求而采取,那么提出请求的缔约国应偿还提供援助的缔约国采取行动的费用。提出请求的缔约国可以随时取消其请求,但在此种情况下,它应承担提供援助的缔约国已经发生或承诺的费用。

(ii)如果该行动系由某一缔约国主动采取,那么该缔约国应承担其行动的费用。

(b)除有关缔约国在个别情况下另有协议外,上述原则均适用。

(2)除非另有协议,否则某一缔约国应另一缔约国请求而采取的行动的费用,应按提供援助的缔约国有关偿还此种费用的法律和现行做法公正地计算。

(3)在适当时,请求援助的缔约国和提供援助的缔约国应在索赔诉讼结案方面进行合作。为此,它们应对现行法律系统给予适当的考虑。如果以此种方式结案的诉讼不允许全额赔偿援助活动所发生的费用,则请求援助的缔约国可请求提供援助的缔约国放弃对超出赔偿额的费用的偿还或减少按上述第 2 款计算的费用。它也可请求推迟偿还这些费用。在考虑此种请求时,提供援助的缔约国应对发展中国家的需要给予适当考虑。

(4)本公约的规定不应解释为在任何方面可损害缔约国根据国内和国际法的其他适用规定和规则要求第三方偿还处理污染或污染威胁的行动所花费的费用的权利。特别要注意《1969 年国际油污损害民事责任公约》和《1971 年设立油污损害赔偿国际基金国际公约》和这些公约其后的修正案。

《1976 年海事赔偿责任限制公约》1996 年议定书

本议定书各当事国,认为修正 1976 年 11 月 19 日订于伦敦的《海事赔偿责任限制公约》以提高赔偿额并制定更新限额的简化程序是可取的,兹达成协议如下:

第 1 条

就本议定书而言:

1."公约"系指《1976 年海事赔偿责任限制公约》。

2."组织"系指国际海事组织。

3."秘书长"系指本组织秘书长。

第 2 条

以下列条文代替公约第 3 条第(a)项:

(a)救助费索赔,如适用,包括经修正的《1989 年国际救助公约》第 14.条规定的特别补偿或共同海损摊款的任何索赔。

第 3 条

以下列条文代替公约第 6 条第 1 款:

1.除第 7 条所提及的索赔外,任何不同事件产生的索赔的责任限制应按如下方法计算:

(a)对于人身伤亡的索赔;

(i)对于吨位不超过 2000 吨的船舶:200 万计算单位;

(ii)对于吨位超过该吨数的船舶,在第(i)目所述金额上增加如下数额:

自 2001 吨至 30000 吨的每一吨:800 计算单位;

自 30001 吨至 70000 吨的每一吨:600 计算单位;和

超过 70000 吨的每一吨:400 计算单位。

(b)对于任何其他索赔:

(i)对于吨位不超过 2000 吨的船舶:100 万计算单位;

(ii)对于吨位超过该吨数的船舶,在第(i)目所述金额上增加如下数额:

自 2001 吨至 30000 吨的每一吨:400 计算单位;

自 30001 吨至 70000 吨的每一吨:300 计算单位;和

超过 70000 吨的每一吨:200 计算单位。

第 4 条

以下列条文代替公约第 7 条第 1 款:

1.对于任何不同事件产生的船上旅客人身伤亡的索赔,船舶所有人的责任限制应为 175000 计算单位乘以该船按其证书准许载运的旅客人数所得的数额。

第 5 条

以下列条文代替公约第 8 条第 2 款:

2.但是,非属国际货币基金组织成员并且其法律不允许适用第 1 款规定的国家,可在签署并对批准、接受或核准无保留时,或在批准、接受、核准或加入时,或在此后的任何时间,声明在其领土内适用的本公约所规定的责任限制应按下述方式确定:

（a）对于第 6 条第 1 款（a）项，数额为：

（i）对于吨位不超过 2000 吨的船舶：3000 万货币单位；

（ii）对于吨位超过该吨数的船舶，在第（i）目所述金额上增加如下数额：

自 2001 吨至 30000 吨的每一吨：12000 货币单位；

自 30001 吨至 70000 吨的每一吨：9000 货币单位；和

超过 70000 吨的每一吨：6000 货币单位。

（b）对于第 6 条第 1 款（b）项，数额为：

（i）对于吨位不超过 2000 吨的船舶：1500 万货币单位；

（ii）对于吨位超过该吨数的船舶，在第（i）目所述金额上增加如下数额：

自 2001 吨至 30000 吨的每一吨：6000 货币单位；

自 30001 吨至 70000 吨的每一吨：4500 货币单位；和

超过 70000 吨的每一吨：3000 货币单位。

（c）对于第 7 条第 1 款，为 262.5 万货币单位乘以该船按其证书准许载运的旅客人数所得的数额。

公约第 6 条第 2 款和第 3 款相应地适用于本款第（a）项和第（b）项。

第 6 条

公约第 15 条增加下列条文作为第 3 之二款：

3.之二虽有第 7 条第 1 款规定的责任限制，当事国仍可以国家法律的具体规定来调整适用于船舶旅客人身伤亡索赔的责任系统，只要责任限制不低于第 7 条第 1 款的规定。使用本款规定的选择方法的当事国应将所采用的责任限制或无此限制的事实通知秘书长。

第 7 条

以下列条文代替公约第 18 条第 1 款：

1.任何国家可在签署、批准、接受、核准或加入时或在此后的任何时间保留下述权力：

（a）排除对第 2 条第 1 款（d）和（e）项的适用；

（b）排除对《1996 年国际海上运输有害有毒物质损害责任和赔偿公约》或其任何修正案或议定书含义中的损害的索赔。

不得对本公约的实质性规定作任何其他保留。

第 8 条　限额的修正

1.在本议定书的至少半数但在任何情况下不得少于 6 个缔约国的要求下，秘书长应将修正经本议定书修正的本公约第 6 条第 1 款、第 7 条第 1 款和第 8 条第 2 款规定的限额的任何提案分发给本组织的所有成员国和所有缔约国。

2.按上述规定提议和分发的任何修正案应提交本组织法律委员会,供在其分发之日后至少6个月的某一日期审议。

3.经本议定书修正的本公约的所有缔约国,不论是否为本组织成员国,均应有权参加法律委员会审议和通过修正案的工作。

4.修正案应由出席第3款规定的扩大的法律委员会并参加表决的经本议定书修正的本公约缔约国的2/3多数通过,但在表决时至少应有经本议定书修正的本公约的半数缔约国出席。

5.在对修正限额的提案采取行动时,法律委员会应考虑到事故的经验,尤其是由事故造成的损害金额、币值的变化和提议的修正对保险费用的影响。

6.(a)从本议定书开放供签署之日起算不足5年或从根据本条通过的先前修正案生效之日起算不足5年时,不得审议本条规定的任何限额修正案。

(b)任何限额均不得增加到超过相当于将经本议定书修正的本公约中规定的限额自本议定书开放供签署之日起按复合计算每年增加6%所得者的金额。

(c)任何限额均不得增加到超过相当于经本议定书修正的公约中规定的限额的3倍的金额。

7.按第4款通过的任何修正案应由本组织通知所有缔约国。在通知之日后18个月的期限结束时,该修正案应视为被接受,除非在该期限内有不少于1/4的在通过该修正案时系缔约国的国家通知秘书长不接受该修正案,在此种情况下,该修正案即被否定并应无效。

8.按第7款视为被接受的修正案应在其接受后18个月生效。

9.所有缔约国均应受该修正案的约束,除非其按第12条第1款和第2款在该修正案生效前至少6个月退出本议定书。此种退出应在该修正案生效时生效。

10.当一修正案已被通过但其接受所需的18个月的期限尚未届满时,在该期限内成为缔约国的国家,如该修正案生效,应受其约束。在该期限后成为缔约国的国家,应受按第7款已被接受的修正案的约束。在本款所述的各种情况下,在修正案生效时,或在本议定书对一国生效时(如其较晚),该国应受该修正案的约束。

第9条

1.在本议定书的当事国之间,本公约和本议定书应按一单个文件理解和解释。

2.系本议定书当事国但非本公约当事国的国家,就与本议定书的其他当事国的关系而言,应受经本议定书修正的本公约规定的约束,但就与仅系本公约的当事国的关系而言,应不受本公约规定的约束。

3.经本议定书修正的本公约,应仅适用于本议定书对每一国家生效后发生的事故引起的索赔。

4.本议定书中的任何规定均不影响既是本公约又是本议定书当事国的国家对系本公约当事国但非本议定书当事国的国家的义务。最终条款

第10条　签署、批准、接受、核准和加入

1.本议定书应从1996年10月1日至1997年9月30日在本组织总部开放供所有国家签署。

2.任何国家可以下述方式表示其同意受本议定书约束:

(a)签署并对批准、接受或核准无保留;或

(b)签署而有待于批准、接受或核准,随后予以批准、接受或核准;或

(c)加入。

3.批准、接受、核准或加入应以向秘书长交存一份有关文件为准。

4.经本议定书修正的本公约修正案生效后交存的批准、接受、核准或加入的任何文件,应被视为适用于经此种修正案修订的经修正的本公约。

第11条　生效

1.本议定书应于10个国家表示同意受其约束之日后90天生效。

2.对于在第1款中的生效条件得到满足后表示同意受本议定书约束的任何国家,本议定书应于表示此种同意之日后90天对其生效。

第12条　退出

1.任何当事国可在本议定书对该当事国生效之日后的任何时间退出本议定书。

2.退出应以向秘书长交存一份退出文件作出。

3.退出应在向秘书长交存退出文件后12个月或其中可能载明的更长期限生效。

4.就本议定书当事国之间而言,它们中的任何国家按本公约第19条退出本公约,在任何情况下均不得被解释为退出经本议定书修正的本公约。

第13条　修订和修正

1.本组织可召开修订或修正本议定书的会议。

2.在不少于1/3缔约国的要求下,本组织应召开修订或修正本议定书的本议定书缔约国会议。

第 14 条 保存人

1.本议定书和根据第 8 条被接受的任何修正案应交秘书长保存。

2.秘书长应：

(a)将下列事项通知已签署或加入本议定书的所有国家：

(i)每一新签署或交存文件及其日期；

(ii)根据经本议定书修正的本公约第 8 条第 2 款和本公约第 8 条第 4 款作出的每一声明和通知；

(iii)本议定书的生效日期；

(iv)按第 8 条第 1 款提交的修正限额的任何提案；

(v)按第 8 条第 3 款通过的任何修正案；

(vi)根据第 8 条第 7 款视为已被接受的任何修正案以及按该条第 8 款和第 9 款规定该修正案应生效的日期；

(vii)退出本议定书的任何文件的交存及其日期和退出的生效日期；

(b)将本议定书的核证无误的副本分发给所有签署和加入本议定书的国家。

3.本议定书一经生效,秘书长即应按《联合国宪章》第 102 条将本文转交联合国秘书处,供登记和公布。

第 15 条 文字

本议定书正本一份,用阿拉伯文、中文、英文、法文、俄文和西班牙文写成,每一文本具有同等效力。

1996 年 5 月 2 日订于伦敦。

下列具名者,经各自政府正式授权,特签署本议定书,以昭信守。

韩国油类污染损害赔偿保障法

[实施日期 2014 年 10 月 15 日][法第 12829 号,2014 年 10 月 15 日部分修订]

海洋水产部(海事安全政策科)044-200-5828,5841

第一章 总则

第 1 条(目的)

本法的目的是对油轮等船舶泄漏以及排出的油类造成的油类污染事故,明确船东责任并建立油污损害赔偿保障制度,以促进受害者的保护和石油运输的良好发展。

第 2 条(定义)

本法中使用的术语应定义如下:

1."油轮"一词系指任何构造或改装为散装运输油类的任何类型的船舶(包括驳船);但是,根据本法案,能够运载石油或其他货物的船舶应为,只有当它实际上作为货物散装运输油,或者证明其在船上散装有这种油类运输的残余物时,才视为该油轮。

2."一般船舶"一词系指除油轮和储油驳船外的任何船舶。

3."储油驳船"一词系指用于储油的船舶,属于《船舶安全法》第 2 条第 1 款规定的浮动式海上结构。

4."船舶所有人"一词是指以下分类的人:

(1)油轮和一般船舶:根据《船舶法》第 8(1)条,《渔船法》第 13(1)条或外国法规登记为船舶所有人的任何人(在没有登记的情况下,任何拥有油轮或一般船舶的人):如果是由外国政府拥有的船舶,该国注册为油轮或一般船舶的经营人所属的任何公司或协会,应视为本法案定义的船舶所有人,对于由大韩民国国民租用的外国登记的油轮或一般船舶,登记为船舶所有人的人和承租人均应视为本法案规定的船舶所有人;

(2)储油驳船:任何拥有或租用储油驳船的人。

5."石油"一词系指总统令规定的任何持久性碳氢化合物矿物油,如原油,重油,润滑油等,无论是作为货物在船上运输还是在船舶的燃料舱中运输。

6."燃料油"是指用于或可用于船舶操作或推进的烃类矿物油,包括润滑油。

7."油污损害"一词是指油轮,一般船舶和/或储油驳船造成的下列损害或费用:

(1)因船舶溢油或排放而造成的在船外造成的损失或损坏,不论此种泄漏或排放发生在何处;但是对环境损害(不包括该损害的利润损害)的赔偿,应限于为恢复环境而采取或将采取的措施所产生的费用;

(2)预防措施的费用;

(3)预防措施造成的额外损失或损害。

8."事件"一词是指具有相同来源的任何事件或一系列事件,其导致油污损害或造成严重和迫在眉睫地造成此类损害的威胁。

9."预防措施"一词是指事件发生后任何一方或第三方采取的以防止或减轻油污损害的任何和所有合理措施。

10."保险公司等"一词是指任何赔偿船东的损害或保证根据本法规定的对油污损害保障合同履行补偿义务的人。

11."有限索赔"一词是指对船东或保险人等提出的任何索赔,此类所有人或保险人等可根据本法案限制其责任。

12."受益人债务人"一词是指在限制赔偿责任的有关程序中作为有限索赔的债务人的人,但申请启动责任限制赔偿程序的人除外。

13.《责任公约》一词系指 1992 年《国际油污损害民事责任公约》。

14.《国际基金公约》一词系指 1992 年《设立国际油污损害赔偿基金国际公约》。

15."国际基金"一词系指《国际基金公约》第 2(1)条规定的国际油污损害赔偿基金。

16."补充基金公约"一词系指 1992 年《关于设立国际油污损害赔偿基金的国际公约》的 2003 年议定书。

17."补充基金"一词系指《补充基金公约》第 2(1)条规定的油污损害赔偿国际基金。

18."燃油公约"一词是指 2001 年《燃油污染损害民事责任国际公约》。

第 3 条(适用范围)

本法适用于大韩民国境内(包括领海:以下同样适用)在大韩民国专属经济区内造成的油污损害;本法适用于在大韩民国境内和大韩民国专属经济区内防止或减轻此类油污损害的预防措施。

第 4 条(船舶吨位)

本法所称"总吨位"是指根据《船舶法》第 3 条第 1 款规定的从事国际航行的船舶的国际总吨位,以及根据分段规定的总吨位,其他情况指同一条款的同一款中的第 2 项规定的总吨数。

第二章　油轮

第 1 节　油轮对油污损害的责任

第 5 条(油轮对油污损害的责任)

1.如果油轮造成油污损害,那么在事故发生时油轮的所有人应对损害承担责任:若油污损害属于以下任何一项,则不适用:

(1)这起事件是不可抗力事件的结果,如战争、叛乱、骚乱或上帝的行为。

(2)事故的全部原因是由于第三方(油轮船东或其雇员除外)造成的损害。

(3)该事件完全是由于国家或公共组织维护航行标志或导航设备的任何缺陷造成的。

2.当发生涉及两艘或两艘以上油轮的事故,并且不确定油污损坏是由任何特定船舶溢油或排放造成的,所有油轮的船东应共同承担连带责任。如果油污损害属于第 1 款规定的任何一项,那么有关油轮的所有人不应对损害承担责任。

3.如果油污损坏是由一系列事件引起的,那么在事故发生时,首次发生油污损害的船舶所有人应视为船东。

4.如果污染损害是由大韩民国国民租用的外国登记船舶造成的,则油轮的所有人和承租人应对此类损害承担连带责任。

5.根据本法第 2 章的规定,不得对任何属于下列任何一项的人提出赔偿要求:(2013 年 4 月 5 日第 11757 号法修订)

(1)油轮所有人的代理人,雇员或船员;

(2)引航员或为船舶提供服务但非属船员的任何其他人;

(3)船舶的任何承租人[不包括第 2 条第 4 项(a)项附带条件下的光船租赁人],油轮管理人或经营人;

(4)经油轮所有人同意或根据主管公共当局的指示进行救助作业的任何人;

(5)任何采取预防措施的人;

(6)属于第 3 项至第 5 项所述人员的所有人的代理人或雇员。

6.赔偿油轮造成的油污损害赔偿的船东,可以行使与事件有关的任何第三方追偿的权利,但是,根据第 5 款各项中规定的损害,系有故意造成此种损害或明知可能造成此种损害而轻率地采取的个人行为或不作为造成的除外。

第 6 条(责任的考虑)

如果油轮对油污造成的损害是由于受害人的故意或疏忽造成的,法院在决定赔偿责任和赔偿金额时应当考虑这些信息。

第 7 条(油轮船东责任限制)

1.根据第 5 条第 1 款或同一条第 2 款的规定,应该对油污损害承担责任的油轮的所有人(包括在公司情况下承担无限责任的合伙人)。可以根据本法规定对油污造成的损害赔偿责任限制责任;但是,该规定不适用于油轮所有人故意造成或明知可能造成此种损害而轻率地采取的个人行为或不作为所导致的油污损害。

2.任何打算根据第 1 款规定限制油污损害赔偿责任的油轮的所有人,对超过第 8 条规定的赔偿责任限额应根据该法第 9 条的规定申请启动法院赔偿责任限制的程序。自索赔人收到书面索赔要求之日起 6 个月内开启限制船东责任的程序。

第 8 条(责任限制额)

1.如果油轮的所有人能够根据第 7 条第 1 款的主要规定限制其责任,那么责任总额应如下：

(1)总吨位不超过 5000 吨单位的油轮为 451 万计算单位；

(2)对于总吨位超过 5000 吨单位的油轮，除第 1 项所述者外，每增加 1 吨位单位，另加 631 计算单位。但该合计数额在任何情况下不得超过 8977 万计算单位。

2.第 1 款所指的"账户单位"是国际货币基金组织规定的特别提款权，以韩元计算的账户单位应按《船东责任限制程序法》第 11 条第 2 款的规定计算。

第 9 条(责任限制范围)

对于每艘油轮，船东的责任限额应延伸至与涉及该船舶的同一事件有关的所有船东、保险人等的有限索赔。

第 10 条(有限索赔人的付款比例)

当油轮的所有人按照第 7 条限制其责任时，应根据有限索赔额的比例支付有限索赔人。

第 11 条(权利消失)

根据第 5 条第 1 款或第 2 款的规定，自油污损害发生之日起 3 年内对油轮船舶所有人提出损害赔偿请求权，或者自最初事故发生之日起 6 年内向法院提出请求，否则对油轮所有人提出的索赔要求即告终止。

第 12 条(对油轮船东油污损害赔偿诉讼的管辖权)

对油轮所有人的任何诉讼均属于最高法院条例规定的法院的管辖范围，除非其管辖权已由其他法案确定。

第 13 条(外国判决的有效性)

1.外国法院对油轮造成的油污损害寻求赔偿的诉讼具有管辖权的最终判决，应根据《责任公约》第 9 条第 1 款生效。以下情况除外：

(1)判决是通过欺诈获得的；

(2)如果被告未获得启动审判所需的传唤或命令，或者没有给予公平机会陈述其案件。

2.第 1 款执行的最终判决，根据《民事执行法》第 27 条第 2 款规定的适用情况，以及同一款第(2)项中"外国判决不符合《民事诉讼法》第 217 条的条件"的情况时，适用《油类污染损害赔偿保障法》第 13 条第 1 款各项中的任何一项。

第 2 节　油轮油污损害赔偿保障合同

第 14 条(保障合同的订立)

1.在大韩民国登记并装载不少于 200 吨散装油作为货物的油轮的船东应签订赔偿油污损害赔偿合同(以下简称为保障合同)。

2.除在大韩民国登记的油轮外,载有不少于 200 吨散装油作为货物并进出境内港口或使用国内系泊设施的油轮的船东,应缔结保障合同。

3.海洋水产部长官可以命令违反第 1 款的任何油轮暂停其航行和运营。(2013 年 3 月 23 日第 11690 号法修订)

4.海洋水产部长官可拒绝任何违反第 2 款的油轮进入或离开国内港口,或拒绝允许其使用国内系泊设施。(2013 年 3 月 23 日第 11690 号法修订)

第 15 条(保障合同)

1.保障合同是对油轮的船舶所有人对该船舶造成的油污损害履行赔偿义务而遭受的损害或保证履行其他的赔偿义务进行补偿的担保性的合同。

2.油轮的船东应根据海洋水产部的条例规定的保险公司签订保险合同,该条例有财务能力补偿油轮船主的损害或保证履行他/她赔偿损失的义务。(2013 年 3 月 23 日第 11690 号法修订)

3.根据第 2 款缔结的保障合同,保险金额或保证履行赔偿义务的金额不得低于第 8 条规定的每艘油轮的赔偿责任金额。

4.保障合同只有在符合《责任公约》第 7 条第 5 款的情况下,才可能失去其效力或改变其内容。

第 16 条(对保险人赔偿的索赔等)

1.遭受油轮造成油污损害的受害人,可以直接向与该油轮船东签订保障合同的保险人等提出索赔,若为油轮所有者故意或不当行为造成之损害,则不适用本规定。

2.保险人等仅可以向受害人主张油轮所有人可以对受害人提出的抗辩。

3.对保险公司的损害赔偿等比照适用第 5 条第 6 款和第 7 条至第 11 条的规定。

第 17 条(刘保险公司等提出污染损害赔偿索赔事件的管辖权)

根据第 16 条第 1 款规定的对主要判决提出损害赔偿要求的受害人也可以根据第 12 条向具有管辖权的法院对保险人等提起诉讼。

第 18 条(保障合同证书)

1.海洋水产部长官应签发一份文件(以下简称保障合同证明),证明一艘油轮(不包括作为缔约国的外国登记的油轮)如果与保险公司签订了保障合同的油轮的所有人等人申请该等文件,则责任公约已签订补偿合同。(2013 年 3 月 23 日第 11690 号法修订)

2.任何拟根据第(1)款取得弥偿合约证明书的人,须根据海洋水产部令规定的事项,向海洋水产部长官提交一份申请,述明该船舶的名称,弥偿合约的

种类等。(2013 年 3 月 23 日第 11690 号法修订)

3.有关保障合同证书的申请、签发、重新签发、有效期、费用和其他必要事项,由海洋水产部的条例规定。(2013 年 3 月 23 日第 11690 号法修订)

第 19 条(保障合同证明中的记载事项的变更)

1.任何已获得保障合同证书的人,如果证书中有条目变更,应自变更之日起 15 日内将此类变更事项报告给海洋水产部长官。(2013 年 3 月 23 日第 11690 号法修订)

2.海洋水产部长官在收到根据第 1 款提交的报告后,应向申请人发出新的保障合同证书。(2013 年 3 月 23 日第 11690 号法修订)

第 20 条(保障合同证明书的保管)

1.大韩民国任何散装油量不少于 200 吨的油轮,应当保留船上的保障合同证明。

2.除大韩民国登记外的任何油轮,如运载不少于 200 吨的油作为货物进出境内港口,或使用国内系泊设施,应备有《责任公约》附件所述的形式,合同的任何外国缔约国证明该合同的任何赔偿合同已经完成,或者任何外国根据责任第 7 条第 12 款填写并签发的关于船舶的公约的文件。

第 3 节　国际基金的请求和分摊金等

第 21 条(受害者向国际基金的赔偿请求)

任何受油轮造成油污损害的受害者,可根据《国际基金公约》第 4 条第 1 款的规定就无法从油轮的船东或保险人处得到的赔偿,根据遭受的损害提出赔偿金索赔。

第 22 条(国际基金的干预)

1.如果针对油轮或保险人的所有人等的任何诉讼判决,国际基金可以作为当事方介入诉讼。

2.根据第 1 款的规定,诉讼参加相关的问题适用《民事诉讼法》第 79 条的规定。

第 23 条(对国际基金的诉讼通知)

1.任何一方可以通知国际基金,索赔正在审理中。

2.第 1 款下的案件诉讼持续的告知适用于韩国《民事诉讼法》第 85 条。

第 24 条(对国际基金索赔的管辖权)

1.关于根据《国际基金公约》第 4 条第(1)款向国际赔偿基金提出的索赔的管辖权,适用于第 17 条的规定。

2.尽管有第(1)款规定的管辖权,但对于一级法院的油轮或保险人的所有人的损害赔偿要求尚待审理,或者责任限制案件正在审理中,此类法院对国际基金对同一污染损害的损害赔偿要求拥有专属管辖权。

第25条(外国判决的有效性)

根据《国际基金公约》第7条第1款或第3款具有管辖权的外国法院作出的最终和结论性判决的有效性适用于第13条的规定。

第26条(缴费数量报告)

1.收到海上运输到韩国的油类中,根据总统令规定的油类(以下称为"摊款油")的从油轮上接收石油的人(以下称为石油收货人),在一个日历年内收到的摊款油量(以下称为"摊款油量")超过15万吨,则应按照海洋水产部条例的规定,报告明年收到的石油数量。在这种情况下,任何代表其他人(例如租赁油轮的所有人)收取燃油的人不应被视为石油收货人,但任何其他人获得燃油的人应被视为石油收货人。(2013年3月23日第11690号法修订)

2.任何管辖石油收货人的商业活动的人,应按照海洋水产部令的规定,向海洋水产部长官在报告明年每个石油收货人收到的石油数量。当收货人收到的每年贡献石油总量(由他/她已经收到供油的石油收货人的业务活动人员所增加的总量)超过150000吨时。在这种情况下,不适用于第1款的规定。(2013年3月23日第11690号法修订)

3.根据第2款管辖石油收货人商业活动的人的范围,应由总统令规定。

第27条(向国际基金传送数据)

1.海洋水产部长官在收到根据第26条第1或2款提交的报告后,应向贸易,工业和能源部长将该报告的详细情况进行通知,并向国际基金提交一份文件,说明《国际基金公约》第15条第2款规定的事项。(2013年3月23日第11690号法修订)

2.海洋水产部长官在根据第1款向国际基金提交文件时,应将其中所述的石油收货人通知国际基金要求的摊款石油数量。(2013年3月23日第11690号法修订)

第28条(缴款的支付)

1.根据第26条第1款或第2款报告供油数量的任何石油收货人或管理收货人商业活动的人应缴纳会费(以下简称根据《国际基金公约》第12条和第13条,作为《国际基金公约》第10条规定的"分摊金")。

2.凡有责任根据第1款缴付供款的人(以下简称有义务付款人),他/她须按国际基金大会所决定的利率缴付利息。

第 29 条(缴费违约要求通知)

如果任何有义务的付款人拖欠分摊金,海洋水产部长官应催告该人履行缴纳。(2013 年 3 月 23 日第 11690 号法修订)

第 4 节　关于补充基金的索赔,捐款等

第 30 条(补充基金的受害者赔偿要求)

任何遭受石油污染损害的受害者可根据《补充基金公约》第 4(1)条的规定,就油污损害超过国际基金的赔偿限额要求赔偿。

第 31 条(适用)

关于第 30 条规定的补充基金的任何赔偿要求以及任何出资等,应适用于第 3 节(第 21 条除外)的规定。在这种情况下,第 22 条至第 24 条和第 28 条中的"国际基金"应解释为"补充基金";"国际基金公约第 4 条第(1)款"在第 24 条第(1)款中称为"补充基金公约第 4(1)条";"国际基金公约第 7 条第(1)款或第(3)款"在第 25 条中作为"补充基金公约第 7 条";"国际基金公约第 15(2)条"在第 27 条第(1)款中作为"补充基金公约第 13(1)条";"第 28(1)条中"国际基金公约第 12 条和第 13 条作为"补充基金公约第 11 条、第 12(1)条和第 18 条"和《国际基金公约》第 10 条作为"补充基金公约第 10 条"。

第 5 节　责任限制程序

第 32 条(启动责任限制程序的申请)

(1)任何船东或保险人等为了限制油污损害赔偿责任均可根据《船东责任限制程序法》等向法院申请启动限制责任的程序。

(2)根据第(1)款提出的启动限制责任程序(以下简称"责任限制案")的任何案件,均属于对石油污染所在地具有管辖权的地方法院的专属管辖权。

(3)任何与在大韩民国境内和专属经济区以外采取的预防措施有关的责任限制案件,以防止在大韩民国境内和专属经济区内受到损害,均属于根据第 2 款规定的管辖范围;如果根据第 2 款未确定任何法院管辖权,那么由最高法院条例规定的法院管辖。

第 33 条(责任限制案件的移交)

法院认为有必要避免严重损害或延误可以依职权将任何责任限制案件移交给任何具有管辖权的其他法院,转让给对有限索赔人具有普遍管辖权的法院,或者向裁判过类似有关油污损害赔偿责任限制案件的法院移交。

第34条(供托命令^①)

(1)法院根据第32条第(1)款启动限制责任程序,如果认为开启的申请是适当的,法院应命令申请人在不超过14日内存入根据第8条规定的责任限制额相当的金额。事故发生日或法院指定为初始日期的任何其他日期开始到供托金缴纳日为止,以6%的年利率计算的所述金额的利息。

(2)第(1)款规定的赔偿责任总额的计算,以及订单存款适用于《船东责任限制程序法》第11(2)条和第(3)条的规定。

(3)任何申请启动限制责任程序的人,经法院许可,可以提交书面保证金代替第(1)款规定的现金存款。

(4)第(3)款规定的书面保证书的文件应该适用《船东责任限制程序法》第13条至第15条的规定。

(5)可针对第(1)款所提述的任何决定立即提出上诉。

第35条(国际基金的干预)

国际基金可以根据"最高法院条例"的规定干预限制赔偿责任的程序。

第36条(关于国际基金责任限制待决程序的告知)

(1)任何申请启动责任限制程序的受益人、义务人或介入限制责任程序的人,可以将责任限制待决程序通知国际基金。

(2)根据第(1)款作出通知的人,适用第41条的规定须向法院提交一份文件,述明《船东责任限制程序法》第21(1)条各项规定的事项。

(3)法院应将根据第(2)款提交的文件送达国际基金。

第37条(取消启动对国际基金的责任限制程序的决定的告知等)

(1)法院应该在国际基金根据第36(3)条介入国际基金的程序或服务后,根据第41条,适用《船东限制责任程序法》第21条第(1)款规定的事项的任何变更,对变更事项说明传达,并根据第41条,适用《船东责任限制程序法》第25条第(1)款,第83条第(1)款和第85条第(1)款向国际基金告知相关事宜。

(2)第(1)款规定的案件应适用《船东责任限制程序法》第8条的规定。

第38条(限制采取预防措施的船东责任的程序的干预)

(1)采取预防措施的船东可以干预作为预防措施费用索赔有限的人的责任限制程序。

(2)第(1)款下的案件应适用《船东责任限制程序法》第43条、第45条和第

---

① 供托是韩文单词的直译,是指根据法律规定,对现金、有价证券等其他的物品到银行或者法务局,地方法务局等供托的机构代为保管,办理手续等进行金额的意思。

48 条的规定。

第 39 条(暂停诉讼程序)

(1)根据第 41 条的规定,适用《船东责任限制程序法》第 43 条规定的申请人与申请人或受益人之间的诉讼暂定时,法院向诉讼参加的国际基金,根据第 23 条第 1 款的规定进行告知。法院可以依职权或根据原告的请求下令暂停法律程序,在其他情况下法院可根据原告的请求暂停诉讼程序。

(2)如果根据第 38 条第(2)款适用的《船东责任限制程序法》第 43 条所述的报告,法院可以依职权下令暂停法律诉讼。根据《国际基金公约》第 4(1)条向国际赔偿基金提出的索赔待决。

(3)在第(1)款的情况下,当法院根据原告的请求下令暂停法律程序时,法院可根据原告的请求取消暂停令。

第 40 条(补充基金的干预等)

补充基金干预限制责任和通知未决程序以限制补充基金的责任等事项适用于第 35 条至第 37 条的规定。在这种情况下,第 35 条至第 37 条和第 39 条中的“国际基金”一词应解释为“补充基金”,第 39(2)条中的“国际基金公约”一词应理解为“补充基金公约”。

第 41 条(《船东责任限制程序法》的适用性变更)

除本法外,《船东责任限制程序法》等的规定应适用于本法案规定的责任限制程序。

在这种情况下,《船东责任限制程序法》第 4 条、第 6 条、第 8 条、第 27 条、第 34 条和第 88 条中“本法”应解释为《油类污染损害赔偿保障法》适用的“本法”。有限索赔的总额(不包括产生这些索赔的事实发生后的利息或延迟罚款,或包括违反合同处罚的索赔等。同样适用于第 770 条第 1 款的规定)(1)相应的“商法”超过的最高赔偿责任“同一法案第 10 条应解释为”有限索赔额超过“油污损害赔偿保障赔偿法”第 8 条规定的最高赔偿责任额。同一法案第 11(1)条中《商法》第 770(1)和(4)条各项规定的最高责任赔偿额,应解释为根据“油类污染损害赔偿保障”第 8 条规定的最高赔偿责任。“油类污染损害赔偿保障法”,“和”同一法案第 17 条第(1)款中的《商法》第 776(1)条应解释为“油类污染损害赔偿保障法”第 7(2)条。“同一法案”第 18 条第 1 款中《商法》第 770(1)条应解释为“油类污染损害赔偿保障法第 8(1)条”和“第 769 条或第 769 条的附加条件”。《商法》第 773 条的每一项“在同一条第 2 款中的理由,应解释为”“油类污染损害赔偿保障法”第 7(1)条的附加条件。“同一法案第 53 条、第 56 条和第 57(2)条中《商法》第 770(1)条规定的有限权利要求的内容和分类,应解释为"内容"。"根据同一法案第 66 条第(2)款",《商法》第 770 (1)条各项有限权利要求的分类,应理解为"下一个"。

第 42 条(最高法院条例)

根据本法案规定的责任限制程序所必需的事项,除本法规定的程序外,应由最高法院条例规定。

第三章 一般船舶和储油驳船

第 1 节 一般船舶和储油驳船对油污损害的责任

第 43 条(一般船舶对油污损害的责任)

(1)一般船舶的船东应对一般船舶燃油造成的油污损害承担责任;但该一般船舶引起的燃油污染损害,出现第 5 条第 1 款中任何一项因油污导致的污染损害,都不需要承担责任。(2013 年 4 月 5 日第 11757 号法修订)

(2)一般船舶因燃油造成的油污损害的责任,适用于第 5 条第(2)款至第(4)款,以及同条的第(6)款和第 6 条。在这种情况下,"油轮"应视为"一般船舶","油"应视为"燃油","油轮船东"应视为"一般船舶的船东"。(2013 年 4 月 5 日第 11757 号法修订)

(3)关于对一般船舶所有人提出损害索赔的权利,应适用于第 11 条的规定。在这种情况下,"油轮船东"应被解释为"一般船舶的船东"。

第 44 条(储油驳船对油污损害的责任)

(1)储油驳船的船东应对储油驳船的油污造成的油污损害承担责任;但如果油污污染损害属于第 5(1)条的任何一项,则不需要承担责任。

(2)关于储油驳船造成的油污损害赔偿责任,适用于第 5 条第(2)款至第(4)款,以及同一条的第(6)款和第 6 条。在这种情况下,"油轮"应视为"储油驳船","油轮船主"应视为"储油驳船的所有人"。

(3)关于对储油驳船所有人提出损害索赔的权利,适用于第 11 条的规定。在这种情况下,"油轮的所有者"应被解释为"储油驳船的所有者"。

第 45 条(船舶所有人的责任限制)

石油储存驳船所有人的责任限制(包括无限责任合伙人),适用于本法第 9 条和第 10 条,以及适用《商法》的第 773 条、第 769 条、第 770(1)条和第 771 条、第 773 条第 4 款以及第 774 条至第 776 条。该船舶负责赔偿的是一般船舶燃油造成的油污损害。适用第 9 条和第 10 条时,"油轮"一词应解释为"一般船舶"。(2013 年 4 月 5 日第 11757 号法修订)

第 46 条(对储油驳船所有人的责任限制)

石油储存驳船所有人的责任限制(包括无限责任合伙人)适用于本法第 7

条至第 10 条,第 32 条至第 34 条,以及第 38 条、第 39 条和第 40 条。石油储存驳船的所有人,负责赔偿由储油驳船燃油造成的油污损害。在这种情况下,术语"油轮"应理解为"储油驳船"。

第 2 节　一般船舶和储油驳船油污损害赔偿的保障合同

第 47 条(保障合同的订立)

(1)下列船舶的船东应当签订赔偿油污损害赔偿合同(以下简称"损害赔偿保障合同"),以保证赔偿责任。适用第 42 条第(1)款和第 44 条第 1 款主要判决所规定的油污损害:(2013 年 4 月 5 日第 11757 号法修订)

①在大韩民国注册的总吨位超过 1000 吨的一般船舶(不包括海洋水产部条例规定的未装载燃料油的一般船舶);

②储存超过 200 吨油的储油驳船。

(2)在国外注册并进出韩国境内港口或使用韩国国内系泊设施的总吨位超过 1000 吨的一般船舶的船东,应签订损害赔偿保障合同。

(3)海洋水产部长官可以命令违反第(1)款的任何一般船只暂停其航行和运营。(2013 年 3 月 23 日第 11690 号法修订)

(4)海洋水产部长官可以拒绝任何违反第(2)款的一般船只进入或离开国内港口,或拒绝允许其使用国内系泊设施。(2013 年 3 月 23 日第 11690 号法修订)

第 48 条(损害赔偿的保障合同)

(1)损害赔偿的赔偿合同,应当是一种保险合同,通过履行其赔偿义务或者合同,赔偿一般船舶或油轮所有者遭受的损害。若船东有责任赔偿相关船舶造成的油污损害,则保证履行其赔偿义务。

(2)对于一般船舶或油轮的船东可以就损害赔偿订立保障合同的保险人等,应比照适用第 15 条第 2 款。在这种情况下,"油轮的所有人"应被视为"一般船只或石油储存驳船的所有人"。

(3)损害赔偿的保障合同的金额不得低于以下各项。

①赔偿一般船舶所有人遭受的损害的保险金额(包括因油污损害造成的间接损害)或保证履行赔偿义务的金额,每艘一般船舶不得低于为根据《商法》第 770 条第 1 款第 3 项规定的限度额。

②补偿石油储存驳船所有者遭受的损害的保险金额(包括油污损害造成的间接损害),或保证履行补偿义务的金额,每艘储油驳船不得低于第 8 条规定的赔偿金额。

第 49 条(法律适用)

(1)对于一般船舶和储油驳船的损害赔偿保障合同和对保险人等的损害赔偿,比照适用第 16 条至第 19 条的规定。在这种情况下,"油轮"应视为"普通船舶或储油驳船","保障合同"应视为"损害赔偿保障合同"。"油轮的所有人"应被视为"一般船舶或储油驳船的船东","任何责任公约的外国缔约国"应视为"燃油公约"的任何外国缔约国。(修订根据第 11757 号法案,2013 年 4 月 5 日)

(2)一项诉讼的最终判决比照适用于第 13 条的规定,该诉讼要求赔偿由一般船只燃油造成的油污损害,根据第 9 条第(1)款规定的具有管辖权的外国法院审理惯例。(2013 年 4 月 5 日第 11757 号法新修订)

第 50 条(损害赔偿保障书的保管)

(1)在大韩民国登记的总吨位超过 1000 吨的一般船舶,应当在船上保留保障合同证明书。

(2)任何储油驳船须在油库驳船所有人的船上或主要办事处备存保障合约的证明书,以便进行损害赔偿。

(3)在国外注册进出国内港口或打算使用国内系泊设施的总吨位超过 1000 总吨的一般船舶,应当保留船上损害赔偿保障合同。

第四章　补充规定

第 51 条(船舶优先权)

(1)对于油轮,普通船舶和储油驳船的油污损害,有限索赔人对事故船舶,部分和未收回的有限索赔运费享有优先权。

(2)第(1)款规定的优先权应遵循《商法》第 777(1)4 条规定的权利。

(3)《商法》第 777 条至第 786 条应比照适用丁第(1)款规定的优先权。

第 52 条(外国缔约国的责任限制的效力)

(1)如果外国缔约国根据《责任公约》第 5 条第 3 款对《责任公约》规定了责任限制的情况下,索赔人可以在船东的责任限制额内索赔,但是不可以对责任限制额外的船东或保险人等财产行使其权利。

(2)第 1 款规定的情况可以比照适用《船东责任限制程序法》第 28 条至第 30 条的规定。

第 53 条(油污损害鉴定)

任何调查油污损害、计算损害数量和评估油污损害的人员应当按照总统令的规定办理。

第 54 条(保障合同的信息)

(1)特定船舶(用于散装运输不少于 200 吨油的油轮,或总吨位超过 1000 吨的一般船舶)的船长;以下同样适用如果打算从位于国外的港口进入国内港口,应按照海洋水产部规定的事项通知海洋水产部长官,包括特定船舶的名称、港口,以及根据本法案的保障合同,是否已经按照海洋水产部的条例规定,完成了损害赔偿的保障合同(以下简称"保障合同信息")。如果要更改已通知的保障合同信息,则同样适用。(2013 年 3 月 23 日第 11690 号法修订)

(2)尽管有第(1)款的规定,如果由于不可避免的原因(包括恶劣天气,遇险),在进入港口之前无法通知海洋水产部长官,特定船舶的船长应当根据海洋水产部条例规定的其他理由,在进入港口后立即通知有关保障合同的信息。(2013 年 3 月 23 日第 11690 号法修订)

(3)根据第(1)款及第(2)款通知有关保障合约的资料,可由有关的特定船只的所有人或其代理人进行。

第 55 条(检查、报告等的进出)

(1)海洋水产部长官在认为必要时可下令根据第 20 条、第 26 条或第 50 条提交有关文件,或在他/她的属下设立公职人员进入船舶或营业地点并检查或核实相关文件。(2013 年 3 月 23 日第 11690 号法修订)

(2)如果船东提交了保障合同证书的副本和第 20 条第(1)款或第 50 条第(1)款规定的其他有关文件,那么应视为他/她的船舶或工作场所由其根据第(1)款进出的方式检查过,如果在审查后对提交的文件提出任何问题,可以命令他/她属下的公职人员进入船舶进一步检查。

(3)海洋水产部长官可以运行计算机化处理系统,以便选择第(1)款和第(2)款所述检查的船舶,提前公布其检查,并询问他们的检查。(2013 年 3 月 23 日第 11690 号法修订)

(4)如果公职人员根据第(1)款和第(2)款进出船舶以检查此类船舶,海洋水产部长官应通知有关的营业场所和船东有关检查员的事项、检验日期、原因和检验内容,应分别在检验前 7 天及以前进行通知,并应由海洋水产部长官告知船东有关的地点以及检查完成后的检查结果。但是,如果需要进行紧急检查,或者由于证据破坏等原因被认为无法达到检查或核查的目的,则不适用。(2013 年 3 月 23 日第 11690 号法修订)

(5)任何打算根据第(1)款进行检查或核实的公职人员,须持有一份证明其权限的证明书,并将其交给有关人士。

第 56 条(公用船舶)

本法不适用于大韩民国拥有并提供给公众使用的任何船舶。

第 57 条(授权和委托管理)

(1)根据总统令的规定,海洋水产部长官可根据本法将部分权力下放给附属机构的负责人。(2013 年 3 月 23 日第 11690 号法修订)

(2)根据总统令的规定,下列各项所述的职责可委托给海洋水产部长官指定的海洋防灾专业机构:(2013 年 3 月 23 日第 11690 号法修订)

①收到和处理根据第 26 条第 1 款第(2)项收到的摊款石油数量的报告;

②根据第 27 条第(1)款通知和提交文件,并通知同一条第(2)款规定的供油数量;

③根据第 29 条要求缴纳会费的通知。

第五章　罚款条款

第 58 条(管理人受贿罪)

(1)本法适用于根据《船东责任限制程序法》第 20 条任命的管理人,以及根据第 41 条或根据该法第 37 条任命的任何限制船东责任程序的管理人接受、要求或承诺与其职责有关的贿赂,应当判处不超过 5 年的劳动监禁或者不超过 5000 万韩元罚款。(2014 年 10 月 15 日第 12829 号法修订)

(2)在第(1)款的情况下,应没收所收取的贿赂。如果不可能没收全部或部分贿赂,那么应收取其等值物品。

第 59 条(贿赂的要约等)

任何人承诺,提出或表达其根据第 58(1)条提供贿赂的意图,应处以不超过 3 年的劳动监禁或不超过 3000 万韩元的罚款。(2014 年 10 月 15 日第 12829 号法修订)

第 60 条(罚款规定)

属于下列任何一项的人,将被处以不超过 3 年的劳动监禁或不超过 3000 万韩元的罚款:(10 月 15 日第 12829 号法令修正案,2014 年)

(1)违反第 14 条第 1 款或第 47 条第 1 款未能订立保障合同的;

(2)违反第 14 条第 2 款或第 47 条第 2 款规定,进出境内港口或使用国内系泊设施,未签订保障合同的;

(3)任何人持有通过欺诈或其他非法手段根据第 18 条(包括根据比照适用第 49 条规定的情况)获得签发或重新签发的保障合同证书的。

第 61 条(罚款规定)

本法第 41 条适用的《船东责任限制程序法》未按照其第 34 条第 2 款的要

求报告或提交文件,未能报告或者报告错误,或未提交文件或提交虚假文件的人,应当处以不超过1年的劳动监禁或者不超过1000万韩元的罚款。(2014年10月15日第12829号法修订)

第62条(罚款规定)

属于下列任何一项的人,应处以不超过500万韩元的罚款:

1.任何人违反第54条第1款的要求,未通知(包括变更通知)或通知错误;

2.违反第54条第2款规定不予通知或者虚假通知的人;

3.违反第55条第1款规定,无正当理由未按要求提交有关文件的命令,或者虚假提交有关文件的;

4.违反第55条第1款和第2款的规定,无正当理由拒绝、干涉或逃避该部公职人员的检查或核查的人。

第63条(共同罚款条款)

公司代表,公司或个人雇用的代理人或雇员,或公司或个人雇用的任何其他人在执行公司或个人的商业事务时违反第60条至第62条,除处罚此类违法者外,公司或个人还应依据各有关条款处以罚款,但是公司或者个人为防止此类违法行为因疏忽未对相关业务给予应有的重视和监督的,不适用。

第64条(在执行惩罚条款中视为公职人员的人)

海洋水产部长官根据第57(2)条委托的活动的海事防灾专业机构的执行官员和雇员,就《刑法》第129条至第132条规定的刑罚条款而言,应被视为公职人员。(2013年3月23日第11690号法修订)

第65条(行政罚款)

1.属于下列任何一项的人,应处以不超过500万韩元的行政罚款:

(1)未按照第19条第1款的规定告知或告知错误的人;

(2)违反第20条第1款或第50条第1款规定未在船上持证的人;

(3)违反第20条第1款或第50条第3款的规定,进入境内港口或者使用国内系泊设施而未持有船上证明等的人;

(4)未按第26条第1款、第2款报告或虚报的人;

(5)违反第50条第2款规定,未能将证书保存在储油驳船或储油驳船所有人办公室内的人。

2.第1款规定的行政罚款应由海洋水产部长官(包括根据第57条第1款授权的机构负责人)按照总统令规定征收和收取。(2013年3月23日第11690号法修订)

参考文献

一、中文文献

（一）中文著作

徐国平：《船舶油污损害赔偿法律制度研究》，北京大学出版社 2006 年版。

韩立新：《船舶污染损害赔偿法律制度研究》，法律出版社 2007 年版。

朱强：《船舶污染侵权法上的严格责任研究》，中国方正出版社 2008 年版。

王玫黎：《中国船舶油污损害赔偿法律制度研究》，中国法制出版社 2008 年版。

中华人民共和国海事局：《船舶油污损害赔偿国际公约及国内法规汇编》，人民交通出版社（水运部）2013 年版。

（二）中文期刊类

王玫黎：《论我国船舶油污损害赔偿的归责原则》，载《西南民族大学学报》2008 年第 7 期。

白佳玉：《我国海上溢油事故海洋环境损害赔偿法律问题研究——以船舶溢油事故为视角》，载《中国海商法年刊》2011 年 12 月。

司玉琢：《沿海运输船舶油污损害赔偿若干法律问题研究》，载《中国对外》2002 年第 6 期。

张湘兰、徐国平：《船舶油污自然资源损害赔偿，法律制度障碍的跨越》，载《武大国际法评论》2004 年第 2 卷。

陈向勇、陈永灿：《船舶碰撞油污损害赔偿非漏油方民事责任——兼评油污损害赔偿司法解释草案的新发展》，载《中国海商法年刊》2010 年 12 月。

韩立新：《船舶污染造成的海洋环境损害赔偿范围研究》，载《中国海商法年刊》2006 年第 1 期。

刘家沂：《论油污环境损害法律制度框架中的海洋生态公共利益诉求》，载《中国软科学》2011 年第 5 期。

张春昌：《中国船舶污染你损害赔偿制度还缺什么》，载《中国海事》2011 年第 9 期。

何丽新、王功伟：《移动式钻井平台油污损害赔偿责任限制问题研究——由墨西哥湾溢油事故钻井平台适用责任限制引发的思考》，载《太平洋学报》2011 年 7 月刊。

　　吴莉婧:《论海洋油污损害的民事责任——船舶油污损害案例分析》,载《海洋法苑》2003 年第 3 期。

　　余晓汉:《船舶互有过失碰撞所致油污损害的责任主体》,载《中国海商法年刊》2000 年第 11 卷。

　　林其敏:《海洋船舶油污国际赔偿责任的法律渊源》,载《湖南商学院学报》2011 年第 2 期。

　　胡正良:《设立我国船舶油污损害赔偿基金的法律问题研究》,载《海大法律评论》2006 年 7 月刊。

　　赵劲松、赵鹿军:《船舶油污损害赔偿中的诉讼主体问题》,载《中国海商法年刊》2005 年 1 月。

　　高雪雁:《船舶油污损害责任制度论》,载《海商法研究(第 2 辑)》,法律出版社 2001 年版。

　　韩立新、初北平:《船舶碰撞油污损害承担连带赔偿责任的法理分析——兼评最高人民法院 2005 年〈纪要〉第 149 条》,载《辽宁大学学报(哲学社会科学版)》2008 年 7 月。

　　韩立新、司玉琢:《船舶碰撞造成油污损害民事赔偿责任的承担》,载《中国海商法年刊》2003 年 6 月。

(三)中文学位论文

　　黄雪莹:《我国船舶油污致海洋环境损害赔偿范围研究》,广西大学 2016 年硕士学位论文。

　　孙超:《我国船舶油污损害民事责任主体的法律问题研究》,西南政法大学 2015 年硕士学位论文。

　　郭玉坤:《船舶油污损害纯经济损失研究》,大连海事大学 2015 年博士学位论文。

　　蒋琳:《船舶油污损害的国际法研究》,华东政法大学 2014 年博士学位论文。

　　汪瀛:《船舶油污损害赔偿法律制度研究》,哈尔滨工程大学 2010 年硕士学位论文。

　　王玫黎:《船舶油污损害赔偿法律制度研究》,西南政法大学 2007 年博士学位论文。

　　杨安山:《船舶经营人研究》,上海海事大学 2006 年硕士学位论文。

　　王慧婷:《海上侵权行为法主体研究》,大连海事大学 2004 年硕士学位论文。

　　刘功臣:《建立我国船舶油污损害机制的研究》,大连海事大学 2004 年硕士学位论文。

　　吴继刚:《海洋环境污染损害赔偿法律机制研究》,中国海洋大学 2004 年博士学位论文。

　　李妍:《海事赔偿责任限制制度若干问题研究》,复旦大学 2010 年硕士学位论文。

二、英文著作和期刊

　　Alan Khee-Jin Tan，*Ship Marine Pollution-The Law and Politics of International Regulation*，London：Cambridge University Press，2006.

Axel Franzen and Reto Meyer, Environmental Attitudes in Cross-National Perspective: A Multilevel Analysis of the ISSP 1993 and 2000, *European Sociological Review*, 2010, No.26.

Chao Wu, Pollution from the Carriage of Oil by Sea: Liability and Compensation, *London: Kluwer Law International*, 1996, 3.

Colin de la Rue, Charles B. Anderson, *Shipping and the Environment*, 2nd., ed., London, Hong Kong: Informa, 2009.

David W. Abecassis, *The Law and Practice Relating to Oil Pollution from Ships*, London: Butter worths, 1978.

Dong, Bingying, Zhu, Ling, Luo, Meifeng, Combating Marine Pollution from Vessels: China's New Legislation, *The International Journal of Marine and Coastal Law*, No.29, 2014.

Enache, Irina, and Zagan, Sabina, Risk Assessment of Oil Marine Pollution, in Exposure and Risk Assessment of Chemical Pollution—Contemporary Methodology, eds. Simeonov, L.I. and Hassanien, M.A. Springer, 2009.

Faure, Michael, and Wang, Hui, Liability for Oil Pollution—the EU Approach, *Environmental Liability*, No.12, 2004.

Faure, Michael G. and Hu, James, (ed.), *Prevention and Compensation of Marine Pollution Damage - Recent Developments in Europe, China and the US*, Alphen aan den Rijn: Kluwer Law International, 2006.

Fischer, Manuel, Social Network Analysis and Qualitative Comparative Analysis: Their Mutual Benefit for Explanation of Policy Network Structures, *Methodological Innovations Online*, No.6, 2011.

Frank, David J, The Social Bases of Environmental Treaty Ratification, 1900—1990, *Sociological Inquiry*, No.69 , 1999.

Franzen, Axel, and Meyer, Reto, Environmental Attitudes in Cross—National Perspective: A Multilevel Analysis of the ISSP 1993 and 2000, *European Sociological Review*, No.26, 2010.

Gotthard M. Gauci, Protection of the Marine Environment through the International Ship-Source Oil Pollution Compensation Regimes, *Review of European Community & International Environmental Law*, 1999, No.8.

Irina Enache, Sabina Zagan, Risk Assessment of Oil Marine Pollution, in Exposure and Risk Assessment of Chemical Pollution-Contemporary Methodology, eds. L.I. Simeonov and M.A. Hassanien, Springer, 2009.

Ling Zhu, Can the Bunkers Convention Ensure Adequate Compensation for Pollution Victims?, *Journal of Maritime Law and Commerce*, 2009, No.40, pp.203-219.

Ling Zhu, Compensation Issues under the Bunker Convention, *WMU Journal of Maritime Affairs*, 2008, No.7, pp.303-316.

Mans Jacobsson, Bunker Convention in Force, *Journal of International Maritime Law* 15, 2009, pp.21-36.

Mark Sagoff, *The Economy of the Earth*: *Philosophy*, *Law*, *and the Environment*, 2nd, ed., New York: Cambridge University Press, 2008, p.4.

Michael G. Faure and James Hu (eds.), Prevention and Compensation of Marine Pollution Damage: Recent Developments in Europe, China and the US, Alphen Rijn, *Kluwer Law International*, 2006, iv.

The Bowbelle [1990] 1 Lloyd's Rep. 532 and MSC Mediterranean Shipping Co SA v Delumar BVBA, The Rosa M, 2002, 2 Lloyd's Rep. p.399

Weber, M, *Economy and Society*: *An Outline of Interpretive Sociology*, University of California Press, 1978, p.334.

三、韩文参考文献(姓名和个别出版社根据韩文音译)

［韩］金英、朴正吉、金仁友:《国际私法》第二版,朴英社 2006 年版。

［韩］郑英锡:《油污损害赔偿民事责任法》,韩日出版社 2008 年版。

［韩］郑英锡:《油类污染损害赔偿补偿程序及补偿方案研究》,韩国海洋大学、国土海洋部 2009 年版。

［韩］郑英锡:《油类污染损害赔偿保障法》,多顺出版社 2017 年版。

［韩］郑英锡:《海事法规讲义》,泰斯特副社 2016 年第 6 版。

［韩］穆镇勇:《韩国防止原油污染制度的问题和改善方案》,载《海洋环境安全学会志》第 7 卷第 2 号。

［韩］穆镇勇:《对修订后的国际油类污染损失补偿体制的韩国应付方案研究》,载《韩国海洋水产开发院》2005 年第 11 期。

［韩］崔中铱:《韩国海商法的发展方向》,韩国海法学会 2008 年国际学街大会发表论文。

［韩］崔宗贤:《赔偿油类污染损失保障法的修改方向》,载《韩国海法学会志》2006 年第 28 卷第 1 号。

［韩］朴英举:《修订油类污染损害赔偿饱尝法研究》,载《经营法律》2009 第 19 卷,第 4 号。

［韩］金亨道:《国际油污损害赔偿基金公约的适用方案》,海运事业研究院,1990。

［韩］尹小英:《油类污染损害赔偿责任的成立要件》,载《安安法学》第 16 号。

［韩］金钟云:《海上油类污染损害赔偿的范围》,载《韩国海法学会》1998 年。

［韩］金仁星:《油轮相关的油污损害赔偿法相关的最新动向》,载韩国海事问题研究所:《海洋韩国》2008 年。

〔韩〕南恩英:《油污事故损害赔偿制度改善方向研究》,载《韩国海洋环境工学会地》2009 第 12 卷,第 2 号。

〔韩〕文光明:《油污损害赔偿范围以及泰安事故特别法相关考察》,载《韩国海法学会》2001 年。

〔韩〕朴应俊:《海上油污染巡航赔偿相关考察》,载中央法学会《中央法学》2008 年 10 月。

〔韩〕许东辉:《油污损害赔偿保障制度和最近动向》,载《韩国海法学会》2008 年。

〔韩〕肖丙千:《河北精神号油污事故相关的环境法考察——美国油赔法比较视野为中心》,载韩国环境法学会:《环境法研究》2008 年。

四、国际和国外法律条文

韩国油类污染损害赔偿保障法(*Compensation for Oil Pollution Damage Guarantee Act*) 2014 年修订。

International Convention on Civil Liability for Oil Pollution Damage 1969.

International Convention on Civil Liability for Oil Pollution Damage 1992.

International Convention on the Establishment of an International Fund for Compensation for Oil Pollution Damage 1992.

Protocol of 2003 to the International Convention on the Establishment of an International Fund for Compensation for Oil Pollution Damage 1992.

五、参考网站

韩国船东协会(http:www.shipowners.or.kr/)

韩国海运新闻(http:www.maritimepress.co.kr)

韩国国土资源部(http:www.mlr.gow.cn/)

世界概况 CIA(https://www.cia.gov/library/publications/the-world)

经合组织国家统计 IEA(https://www.iea.org/)

国家海事组织 IMO(http://www.imo.org/en/Pages/Default.aspx)

国际油污损害赔偿基金组织 IOPC-Funds(https://www.iopcfunds.org/)

国际油轮船东防污联合会(https://www.itopf.org/)

西北太平洋行动计划海洋环境应急与反应区域活动中心 NOWPAP MERAC(http://merrac.nowpap.org/)

美国溢油责任信托基金(http://www.iopcfund.org/npdf/AR2011_e.pdf.)

船舶油污基金 SOPF(http://sopf.gc.ca/)

世界银行 The World Bank(https://www.shihang.org/)

联合国贸易与发展会议 UNCTAD(http://www.un.org/zh/aboutun/structure/unctad/)

STOPIA and TOPIA，https://www.iopcfunds.org/about-us/legal-framework/stopia-and-topia/。

https://www.shipownersclub.com/stopia-2006-as-amended-2017-and-topia-2006-as-a-mended-2017-2017-amendments/

后　记

　　本书是笔者在韩国海洋大学博士论文《中国船舶油污损害赔偿民事责任问题研究》的基础上进行翻译的,减少了中国船舶油污损害赔偿民事责任的一些论述,增加了韩国船舶油污损害赔偿制度的相关内容,并做了简单的比较分析。

　　作为一名一直在校的研究人员,笔者深知自己在船舶油污损害赔偿的实践方面缺乏经验,大部分是基于理论基础上的研究。与大家分享本书出版的动因:一方面是国内很少有人从国家对国际油污损害赔偿接受的影响因素出发来研究这一问题;另一方面是国内缺乏对邻国——韩国相关法律制度的认识和了解。韩国一向关注国际油污损害赔偿制度的动向,不但加入了国际油污损害赔偿法律制度,而且不断修订本国法律,以适应国际油污损害赔偿制度的发展。中韩两国同样面临着高度的船舶油污损害风险,所以韩国相关的立法和实践经验也值得我们分析和借鉴。

　　目前党和国家领导人提出建设"21世纪海上丝绸之路"的倡议目标,中国的发展离不开石油,石油运输成为中国海运的重要部分。但从目前的情况来看,海洋油污事件已经成为严重影响沿海海洋生态环境和海运的重大问题,由于涉及多国船舶,乃至变成国际关系中的一个议题,也由于形势发展变化,随着对原油的日益依赖,海上设施等其他来源造成的海洋油污损害问题日趋严重。随着"一带一路"和"海上丝绸之路"贸易的发展,中国和"一带一路"沿线国之间的贸易也越来越多,而其中大部分要通过海上运输来完成,虽然油污事件在海上运输中发生的概率不大,但是一旦发生就是毁灭性的损害。"一带一路"沿线的大部分国家法律并不健全,如何更好地预防油污事件的发生,以及油污事件发生后,如何建立应急措施,适用哪种法律更好地解决损害赔偿问题,需要提前做好法律预防准备工作,以更好地解决纠纷,体现中国负责任的法治国家形象。这也是笔者今后需要重点研究的方向。

　　笔者非常有幸在博士论文研究时,得到韩国博士导师 Dae Chung 教授和韩国油污损害赔偿方面的专家 Cheong Yeong seok 教授的指导,顺利通过博士答辩。之后又能够得到合作导师傅崐成教授的建议,将韩国油污损害赔偿相关问题与中国油污损害赔偿法律相结合,进行比较研究,完成此书。目前也非常幸运,能够在傅崐成教授的指导下,展开博士后研究的相关工作。

最后,衷心感谢给予我无私帮助的老师、家人和朋友!

郝会娟

2018 年 11 月 14 日于厦门

图书在版编目(CIP)数据

中韩船舶油污损害赔偿法律制度比较研究/郝会娟著.—厦门:厦门大学出版社,
2019.8
(厦门大学海洋政策与法律研究丛书/傅崐成主编)
ISBN 978-7-5615-7446-1

Ⅰ.①中… Ⅱ.①郝… Ⅲ.①船舶污染—海水污染—油污染—国家赔偿法—对比
研究—中国、韩国 Ⅳ.①D922.683.4②D931.262.6

中国版本图书馆 CIP 数据核字(2019)第 107861 号

出 版 人	郑文礼
责任编辑	李 宁

出版发行 厦门大学出版社

社 址	厦门市软件园二期望海路 39 号
邮政编码	361008
总 机	0592-2181111 0592-2181406(传真)
营销中心	0592-2184458 0592-2181365
网 址	http://www.xmupress.com
邮 箱	xmup@xmupress.com
印 刷	厦门兴立通印刷设计有限公司

开本	720 mm×1 000 mm 1/16
印张	12.25
插页	2
字数	215 千字
版次	2019 年 8 月第 1 版
印次	2019 年 8 月第 1 次印刷
定价	78.00 元

本书如有印装质量问题请直接寄承印厂调换

厦门大学出版社
微信二维码

厦门大学出版社
微博二维码